GERRIT-RICHARD RANFT

Mit Kindern unterwegs

SCHWARZWALD UMSONST

fs

BEACH

GERRIT-RICHARD RANFT

Mit Kindern unterwegs

SCHWARZWALD UMSONST

111 kostenlose Ausflugsziele

fleischhauer & spohn

Gerrit-R. Ranft lebt und arbeitet als freier Journalist in Ulm. Der gebürtige Niedersachse fühlt sich seit mehr als dreißig Jahren im deutschen Südwesten heimisch. Als Vater zweier Kinder und mittlerweile auch als jung gebliebener Opa weiß er, wohin es Familien in der Freizeit zieht. »Schwarzwald umsonst« ist sein vierzehnter Ausflugsführer.

Umschlagfoto: Naturerlebnispfad in Hinterzarten
Foto Seite 2/3: Im Prinzengarten in Ettenheim

Fleischhauer & Spohn steht für die hochwertigen Familienausflugsführer aus dem Silberburg-Verlag.

1. Auflage 2011

Umschlaggestaltung: Christoph Wöhler, Tübingen, unter Verwendung einer Fotografie der Hochschwarzwald Touristik GmbH.
Illustrationen: Ann-Kathrin Busse, Pfinztal.
Druck: Grammlich, Pliezhausen.
Printed in Germany.

PEFC
PEFC/04-31-0878
Gedruckt auf zertifiziertem Papier: Förderung nachhaltiger Waldbewirtschaftung – nähere Informationen unter: www.pefc.org

ISBN 978-3-87407-900-6

Inhalt

Eine kleine Gebrauchsanleitung

Dieser Ausflugsbegleiter stellt keine Bestandsaufnahme aller im Schwarzwald verfügbaren kostenlosen Reiseziele dar. So etwas kann und will das Buch nicht leisten. Es versammelt allerdings – vom Verfasser durchaus subjektiv ausgewählt – genau 333 Ausflugsziele an 111 verschiedenen Orten zwischen Karlsruhe und Bad Säckingen, zwischen Straßburg und Rottweil.

Die Ziele werden in wenigen Sätzen vorgestellt. Sie sollen nur Anregungen vermitteln. An Ort und Stelle wird der Besucher – soweit nötig – weitere Auskünfte finden. Zwei Beispiele: Im »Haus der Energien« im französischen Fessenheim werden alle nur denkbaren Fragen zur Stromerzeugung aus Wasser, Sonne, Wind und Uran beantwortet. Das Wander-Informationszentrum im Bahnhof Baiersbronn erklärt alles zu Fußmärschen am Ort und drumherum. Die Idee dieses Führers liegt darin, mit wenig Worten auszukommen. Deshalb enthält er keine Angaben zur koordinatengetreuen Lage des Ausflugsziels, auch nicht zu den Anfahrtswegen und den Parkmöglichkeiten. Wohl aber sind jene Stellen angeführt, die weiterhelfen. Hier ist es die Gemeindeverwaltung, dort die Tourist-Information, mal ein Museum oder ein Naturschutzzentrum. Sie haben die Angaben im Buch geprüft und stehen für Auskunft und Rat zur Verfügung. Die Empfehlung lautet in jedem Fall: **Erst informieren –**

Burg Hornberg gewährt einen weiten Ausblick ins Gutachtal

telefonisch oder im Internet – **dann reisen.**

Festzuhalten ist, dass *umsonst* nicht in jedem Fall völlig *kostenlos* bedeutet. Der Museumsbesuch mag kostenfrei sein. Der zugehörige Pkw-Parkplatz kann Gebühren kosten. Kommt der Besucher zu Fuß oder per Rad, bleibt *umsonst* tatsächlich *kostenlos*, zum Beispiel Freitagnachmittag in den Karlsruher Museen oder an allen Tagen im Freiburger »Naturerlebnispark Mundenhof«.

Es kann auch sein, dass *umsonst* nicht für *alle* kostenlos bedeutet. Nach reiflicher Überlegung sind Ausflugsziele aufgenommen, die sich nur mit dem Landesfamilienpass kostenlos oder zu ermäßigter Gebühr besuchen lassen. Der Landesfamilienpass wird auf Seite 15 vorgestellt.

Zum Schluss zurück an den Anfang: Diese Sammlung von 333 Ausflugstipps erhebt keinerlei Anspruch auf Vollständigkeit. Auch ist nicht gesagt, dass alle Ziele exakt der Beschreibung im Buch entsprechen. Wege und Straßen werden verlegt, Zugänge geschlossen, Öffnungszeiten geändert, Wildgehege geschlossen, Angebote abgewandelt. Das Buch ist mit größtmöglicher Sorgfalt erarbeitet worden. Irrtümer bleiben trotzdem nicht ausgeschlossen, weil eben irren menschlich ist. Werden Fehler entdeckt, sollten sie dem Verlag mitgeteilt werden. *Gerrit- R. Ranft*

Kostenfrei im Schwarzwald

Mit KONUS verreisen

Konus ist lateinisch und bedeutet Kegel. Konus war auch der Generalschlüssel, mit dem Schaffner und Zugbegleiter einst Eisenbahnwaggons und Abteile öffneten und verriegelten. Im Schwarzwald hat KONUS eine neue Bedeutung gewonnen. Als Abkürzung steht es für »**Ko**stenfreie **Nu**tzung des Öffentlichen Personennahverkehrs für **S**chwarzwaldurlauber«.

An derzeit 121 Ferienorten und von rund 7000 Gastgebern erhalten Urlauber im Schwarzwald die kostenlose KONUS-Gästekarte. Mit ihr können sie ganz »umsonst« in der gesamten Region zwischen Pforzheim und Basel, zwischen Rhein und Neckar Busse und Bahnen benutzen. Sie stellen ihr Auto ab und lassen sich entspannt und ohne Parkplatznöte durch die Lande chauffieren – ob zum Einkauf in die Stadt, zur Wanderung auf Bergeshöhen oder zum Besuch von Museen, Märkten, Volksfesten.

Der Urlauber erhält die KONUS-Gästekarte mit der Begrüßung in der Unterkunft. Ein Großteil der Gastgeber hält auch das zugehörige Faltblatt bereit oder hat die KONUS-Übersichtskarte ausgehängt. Sie weist die Bus- und Bahnstrecken aus, die sich mit KONUS befahren lassen. Gemeinden und Gastgeber haben vielfach schon Ausflugsanregungen für KONUS-Gäste vorbereitet.

Gewinn bringt KONUS nicht nur Urlaubern. Auch Gastgeber profitieren, weil ihnen KONUS in der Regel Vorteile im Wettbewerb um Gäste verschafft. Dann sind da noch die Busse und Bahnen, denen KONUS zusätzliche Fahrgäste und Einnahmen bringt. Denn für jede Übernachtung in einer KONUS-Gemeinde erhalten sie eine Pauschale von 30 Cent.

Mit der SchwarzwaldCard sparen

Die SchwarzwaldCard gewährt innerhalb eines Jahres an drei Tagen freien Eintritt. Zur Auswahl stehen im Jahr 2011 mehr als 125 Angebote. Im selben Jahr liegen die Preise für die SchwarzwaldCard zwischen 21 Euro für Kinder und 199 Euro für Familien. Nach Angaben der Schwarzwald Tourismus Gesellschaft können mit der Karte bis zu 60 Euro gespart werden. Für 2012 ist geplant, die SchwarzwaldCard grundlegend zu überarbeiten.

Vergnügliches Lernen im Naturschutzzentrum Ruhestein

Auskunft: *Schwarzwald Tourismus Gesellschaft, Ludwigstraße 23, 79104 Freiburg, Telefon (07 61) 8 96 46 93, www.konus-schwarzwald.info. Dort lässt sich die KONUS-Übersichtskarte zur Planung des Urlaubs kostenlos anfordern.*

Landesfamilienpass

Der Landesfamilienpass mit zugehörigen Gutscheinen ermöglicht Familien mit ständigem Wohnsitz in Baden-Württemberg mehr als zwei Dutzend kostenlose oder ermäßigte Eintritte in die staatlichen Schlösser, Gärten und Museen sowie in weitere nichtstaatliche Einrichtungern. Pass und Gutscheine stellen die zuständigen Bürgermeisterämter kostenfrei aus.

Den Pass, von dem jährlich rund 180 000 Exemplare ausgegeben werden, erhalten Familien mit mindestens drei Kindern im Haushalt, Alleinerziehende mit mindestens einem Kind, Familien mit einem schwerbehinderten Kind und Familien, die Hartz IV oder Kinderzuschlag erhalten.

Kostenfrei können mit speziell für sie vorgesehenen Gutscheinen jeweils einmal besucht werden: Schloss Heidelberg, Staatsgalerie Stuttgart, Archäologisches Landesmuseum Konstanz, Technoseum Mannheim, Zentrum für Kunst und Medientechnologie Karlsruhe, Kunsthalle Baden-Baden, Badisches Landesmuseum Karlsruhe, Kunsthalle Karlsruhe, Museum für Naturkunde Karlsruhe, Württembergisches Landesmuseum Stutt-

Johann Peter Hebels »Zundelheiner« am Bahnhof in Lörrach

gart, Museum für Naturkunde Stuttgart, Linden-Museum Stuttgart.

Zwei weitere Gutscheine berechtigen an bestimmten Terminen zum kostenlosen Besuch des Mercedes-Benz- und des Porsche-Museums in Stuttgart.

Ermäßigten Eintritt gewähren: Wilhelma in Stuttgart, Blühendes Barock in Ludwigsburg, Deutschordensmuseum Bad Mergentheim, Erlebnispark Tripsdrill, Europapark Rust, Ravensburger Spieleland und Sealife in Konstanz.

Vier Gutscheine berechtigen zum mehrfachen, kostenlosen Besuch weiterer Schlösser, Gärten und Museen. Die Broschüre »Staatliche Schlösser und Gärten Baden-Württemberg«, in der alle Besuchsziele aufgeführt waren, wird nicht mehr aufgelegt. Als Ersatz können unter www.sm.baden-wuerttemberg.de/de/landesfamilienpass/80806.html zwei umfangreiche Listen als PDF-Datei ausgedruckt werden. Nichtstaatliche Einrichtungen, die bei Vorlage des Landesfamilienpasses kostenfrei Leistungen gewähren, sind: Deutsches Literaturmuseum in Marbach am Neckar, Museum Oberrheinische Narrenschau in Kenzingen, Schloss Waldburg, historische Stadtführung donnerstags 17 Uhr in Esslingen, Stadtführungen in Besigheim, Oberschwäbisches Freilichtmuseum Kürnbach, Schmuckmuseum Pforzheim, Kraichtaler Museen, Naturkundliches Bildungszentrum Ulm und die meisten Gedenkstätten und literarischen Museen in Baden-Württemberg. Der Landesfamilienpass gilt jeweils ein Jahr.

(Quelle: Ministerium für Arbeit und Soziales)

Nordschwarzwald

Zinnfiguren und ein Tiergehege

Achern, das gut 25 000 Einwohner zählt, hat vermutlich schon um 1000 herum bestanden. Das »Klauskirchl«, die Nikolauskapelle, wird zwar erst 1318 urkundlich genannt, doch stammen ihre ältesten Bauteile aus der Zeit um 1100. Ein aus Holz errichteter Vorgängerbau dürfte schon im 8. Jahrhundert bestanden haben.

Im 1965 stillgelegten Acherner Sensenwerk ist Deutschlands einziges **Sensenmuseum** eingerichtet. Es hat die Ausrüstung der einstigen Fabrik komplett übernommen einschließlich Hämmern, Öfen, Werkzeugen und Maschinen. Dem Besucher wird erklärt, wie in 30 Arbeitsschritten aus einem Stück Stahl das Blatt einer Sense wird. Die Sammlung enthält mehr als 300 verschiedene Sensen. Das im selben Haus untergebrachte **Heimatmuseum** zeigt alte Handwerksberufe, eine umfangreiche Fotosammlung und ein Zinnfigurendiorama. *Berliner Straße 31, geöffnet März bis Oktober erster und dritter Sonntag im Monat 14–17 Uhr. Kinderwagen / Rollstuhl: Nein, Telefon (0 78 41) 6 74 98 40*

Im Sommerhalbjahr wird monatlich ein historischer Stadtrundgang angeboten. Er führt zum **Brecht'schen Haus,** in dem 1869 der Vater des Schriftstellers Bertold Brecht geboren wurde und Brecht selbst in seiner Kindheit seine Sommerferien verbrachte, zum Brunnen-Philipp mit der Mummelseesage und weiteren pittoresken Altstadtplätzen. *Frei zugänglich, Kinderwagen / Rollstuhl: Ja, Faltblatt Achern-Schwarzwald-Information*

Den **Landschaftsgarten** in der Stadtmitte durchströmt in mäßigem Tempo der Mühlbach. Zum Park gehören ein kleiner See, ein Tiergehege und ein mit viel Ideenreichtum angelegter Abenteuerspielplatz. *Frei zugänglich, Kinderwagen / Rollstuhl: Ja*

Auskunft: *Achern-Schwarzwald-Information, Hauptstraße 13, 77855 Achern, Telefon (0 78 41) 2 92 99, www.achern.de*

Treppauf, treppab auf der Historischen Meile

Der gut 11 000 Einwohner zählende Ort Altensteig wird schon 1085 urkundlich genannt. Im Jahr 1100 tritt eine adlige Familie von Altensteig auf. Später sitzen auf Burg Altensteig die Pfalzgrafen von Tübingen. Im 17. Jahrhundert geht sie ans Herzogtum Württemberg. Altensteig ist einer der Orte an der Touristikroute »Deutsche Fachwerkstraße«.

Das **Stadtschloss** reicht in seinen ältesten Teilen in spätromanische Vergangenheit zurück. Der Wohnturm beherbergt auf vier Stockwerken ein Museum, das Siedlungsgeschichte, Wohnräume, ehemalige Handwerksberufe und Modelle der Flößerei zeigt. Zudem informiert es über die Schmalspurbahn »Altensteigerle«, die von 1891 bis 1967 zwischen Altensteig und Nagold verkehrte. **Eintritt frei mit Landesfamilienpass,** *geöffnet Mittwoch 14–16 Uhr, Sonntag 14–17 Uhr (im Sommer gelten besondere Öffnungszeiten), Kinderwagen / Rollstuhl: Nein*

Altensteig ist bekannt für seine Postkartenansicht. Die Altstadt steht unter Denkmalschutz. Die **Historische Meile** führt auf Kopfsteinpflaster durch schmale Gassen und über steile Treppen an viel Fachwerk vorüber. Der Weg berührt insgesamt 22 historische Orte, beispielsweise die Silbermühle, den Saumarkt, die Messerschmiede, die Alte Apotheke und das Schloss. *Frei zugänglich, Kinderwagen / Rollstuhl: Nein, Faltblatt in der Touristinformation*

Am Landschaftsschutzgebiet Egenhäuser Kapf verläuft in einer von Baumgärten geprägten Landschaft der **Streuobstpfad Altensteig-Walddorf.** Schautafeln beschreiben 30 Obstsorten. Zur Anlage gehört ein Pavillon, der den Streuobstbau in Vergangenheit und Gegenwart, in Kultur und Ökologie darstellt. *Frei zugänglich, Kinderwagen / Rollstuhl: Nein*

Auskunft: *Stadtinformation Altensteig, Rathausplatz 1, 72213 Altensteig, Telefon (0 74 53) 94 61-2 11, www.altensteig.de*

Zaubernuss und Tulpenbaum

Rund um das 1194 gegründete Zisterzienserkloster Alba Dominorum entwickelte sich die bürgerliche Siedlung Herrenalb. Seit 1971 führt der rund 7500 Einwohner große heilklimatische Kurort den Namenszusatz Bad, nachdem im selben Jahr eine mineralhaltige Quelle entdeckt worden war. Schon seit 1841 bestand am Ort eine Wasserheilanstalt.

Ganz neu ist der fünf Kilometer lange **Klosterpfad,** der die ehemaligen Abteien Herrenalb und Frauenalb verbindet. Erst im Juli 2010 ist er eröffnet worden. An einem guten Dutzend Wegstationen werden Blicke in Mittelalter und frühe Neuzeit geworfen. *Frei zugänglich, Kinderwagen: Ja / Rollstuhl: Nein*

Der **Historische Weg** zeigt an 15 Stationen, was von der einstigen Klosteranlage in Bad Herrenalb geblieben ist. Darunter Klostermauer, Paradies und das Klostertor, auf dem sich vor 180 Jahren eine Kiefer angesiedelt hat. *Frei zugänglich, Kinderwagen / Rollstuhl: Ja*

Der **Baumkundliche Führer** erklärt auf einem Spaziergang zwei Dutzend Baumarten – von der Kiefer auf der Klosterpforte über den Ginkgo am Rathaus bis hin zu Mammutbaum und Zaubernuss, zu Zeder, Eibe und Tulpenbaum im Kurpark.

Frei zugänglich, Kinderwagen / Rollstuhl: Ja

Der 3 Kilometer lange **Quellenerlebnispfad** handelt an 16 Plätzen vom Wasser: Wie es aus gefassten Quellen, aus Sturzquellen oder aus Quellsümpfen kommt. Es geht am und im Wildbach voran, zu Pflanzen und Tieren des Wassers, auch zu Sagen und Mythen. Der Pfad ist leider kein Rundweg. *Frei zugänglich, Kinderwagen: Ja / Rollstuhl: Nein*

Auskunft: *Tourismusbüro Bad Herrenalb, Rathausplatz 11, 76332 Bad Herrenalb, Telefon (0 70 83) 50 05 55, www.badherrenalb.de*

Urwald und Abenteuer

Die überlieferte Geschichte des 9400 Einwohner zählenden Kurorts Bad Liebenzell beginnt 1091, als die Siedlung erstmals urkundlich genannt wird. Schon 1388 besitzt der Ort Stadtrecht. Im frühen 15. Jahrhundert werden die heilenden Quellen gelobt. Wahrzeichen des Heilbads ist die um 1200 von den Grafen von Calw angelegte Burg.

Ein 11 Kilometer langer **Rundwanderweg** erschließt die urtümliche Landschaft des Monbachtals. Schluchtenbildende Felswände, Wasserfälle, Erlengebüsch und Laubwald, umgestürzte Baumriesen, plätschernde Bäche, bemooste Felsblöcke – alles vermittelt ein Gefühl von Urwald und Abenteuer. Im unteren Ende des Tals liegen eine Wassertretstelle und ein Trimm-dich-Pfad. *Frei zugänglich, Kinderwagen / Rollstuhl: Nein*

Der 2,5 Kilometer lange **Rundweg Waldhufendorf** im Stadtteil Beinberg erläutert die Besiedlung des nördlichen Schwarzwalds, in dem noch im 17. Jahrhundert außerhalb der wenigen Wohngebiete dichter Urwald herrschte. Der Wanderer lernt, was ein Waldhufendorf ist und wie es entstand. An zwölf Mitmach-Stationen wird Geschichte lebendig. *Frei zugänglich, Kinderwagen: Ja / Rollstuhl: an Stationen 1–7, Pkw an Stationen 8–12, Audiogeräte für Sehbehinderte*

Abends wird im **Kurpark** die Erlebnisbeleuchtung eingeschaltet. Der Planetenweg bildet mit vielen Erklärungen das Sonnensystem nach. Im Apothekergarten wachsen 160 Pflanzenarten von A wie Adonisröschen bis Z wie Zaunrübe. Ein Duft- und Tastgarten wartet auf Blinde und Sehbehinderte. In der Trinkhalle gibt's einen Schluck Heilwasser. *Frei zugänglich, Kinderwagen / Rollstuhl: Ja*

Auskunft: *Kurverwaltung Bad Liebenzell, Kurhausdamm 2–4, 75378 Bad Liebenzell, Telefon (0 70 52) 4 08-0, www.bad-liebenzell.de*

Rauschender Wasserfall

Bad Rippoldsau, das gemeinsam mit Schapbach rund 2300 Einwohner zählt, wird 1179 erstmals urkundlich genannt. Nur 41 Jahre später erscheint auch Schapbach in den Annalen. Zur Gemeinde Bad Rippoldsau-Schapbach wurden beide Orte 1974 vereinigt. Der Kurort ist das höchstgelegene Mineral- und Moorbad im Schwarzwald.

Am nordöstlichen Ortsrand, unweit des Wirtshauses »Zum letzten G'Stehr«, stürzt in tiefer Waldeinsamkeit der **Burgbachwasserfall** 32 Meter tief zu Tal. Er ist einer der schönsten und höchsten Wasserfälle Baden-Württembergs. Über die senkrecht abfallende Felswand rauscht das Wasser herab und mündent bald in die Wolf. *Frei zugänglich, Kinderwagen / Rollstuhl: Nein*

Der einsam gelegene **Glaswaldsee** ist einer der sieben Karseen im Schwarzwald. Vor Zehntausenden von Jahren haben ihn Eiszeitgletscher aus dem Buntsandstein herausgehobelt. Den Namen hat der See von einer Glashütte, die im 17. Jahrhundert an seinem Ufer stand. Eine Katastrophe geschah 1743: Die Schneeschmelze ließ einen Damm brechen und der See lief schlagartig aus. Sein Wasser richtete im Seebachtal Verwüstungen an. *Frei zugänglich, Kinderwagen / Rollstuhl: Nein*

Das **Wald-Kultur-Haus** haben Rippoldsauer Bürger überwiegend selbst aufgebaut. Es hält das Wissen um die teils seit langem aufgegebenen Waldberufe im Wolftal lebendig. Veranstaltet werden auch naturpädagogische Exkursionen zur Tier- und Pflanzenwelt. *Geöffnet 1. April bis 30. Oktober täglich 8–20 Uhr, Kinderwagen / Rollstuhl: Ja*

Auskunft: *Tourist-Information, Kurhausstraße 2, 77776 Bad Rippoldsau-Schapbach, Telefon (0 74 40) 91 39 40 www.bad-rippoldsau-schapbach.de*

Besuch beim Nudelbäcker

Teinach wird 1472 erstmals urkundlich genannt. Im 17. Jahrhundert reisten Württembergs Herzöge ins Teinachtal, um sich mit heilkräftigem Wasser verwöhnen zu lassen. Heute ist Bad Teinach ein Mineralheilbad, dessen Wasser unter anderem bei Herz- und Kreislauferkrankungen, Nieren- und Blasenleiden wohltuend wirkt.

Dietrich Morlok macht in seiner **Nudelmanufaktur** mehr als 170 Nudelsorten. Der Nudelbäcker freut sich über Besuch und lässt sich beim Teigmachen und Nudelformen zuschauen. Mittwochs und freitags ist Brotbacktag. Dann quillt der Duft von frischem Bauernbrot bis auf den Marktplatz. *Geöffnet Montag bis Samstag 9–12.30 Uhr und 14–18 Uhr, Badstraße 19, Telefon (0 70 53) 9 10 92, www.badteinacher.de, Kinderwagen / Rollstuhl: Ja*

Andernorts wird Wein, in Bad Teinach Wasser verkostet. Der Hygiene wegen dürfen die **Füllanlagen** des Mineralbrunnens nicht betreten werden. Besucher sammeln sich auf der Galerie, von der sie Einblick in den Betriebsablauf haben. Erklärt wird, woher das Mineralwasser kommt, wie es in die Flasche gelangt und was rund um die Abfüllung passiert. *Badstraße 41, Kinderwagen / Rollstuhl: Nein, Führung: Dienstag 10.30 Uhr, Telefon (0 70 53) 9 26 20, www.mineralbrunnen-ag.de*

Am Freibadparkplatz beginnt und endet der acht Kilometer lange **Naturlehrpfad.** Längs des Wegs berichten 24 Schautafeln von der heimischen Tier- und Pflanzenwelt, darunter Sing- und Greifvögel, vielerlei Waldtiere, eine Vogeluhr, Blumen- und Feuchtwiesen, Giftpilze, Ameisen, Hummeln und vieles mehr. *Frei zugänglich, Kinderwagen / Rollstuhl: Nein*

Auskunft: *Teinachtal-Touristik, Rathausstraße 5, 75385 Bad Teinach, Telefon (0 70 53)9 20 50 40, www.teinachtal.de*

Harfenmusik im alten Gemäuer

Baden-Badens Thermalquellen werden schon im 1. Jahrhundert von römischen Truppen genutzt. Alemannen zerstören den Ort und damit auch die Badeanlagen im 3. Jahrhundert. Ab dem 14. Jahrhundert werden die Quellen für Bäder genutzt. Zum Badeort von europäischem Rang mauserte sich die Stadt im 19. Jahrhundert.

Im frühen 12. Jahrhundert baute Markgraf Hermann II. von Baden die **Burg Hohenbaden** auf den Battert-Felsen. Die Nachfahren zogen im 14. Jahrhundert ins Neue Schloss um. Das Alte Schloss brannte 1599 nieder und wurde nicht wieder aufgebaut. In eine der seither leeren Fensterhöhlen des einstigen Rittersaals stellte der Musiker und Harfenbauer Rüdiger Oppermann 1999 die mit einer Höhe von mehr als vier Metern größte Windharfe Europas. Streicht nun ein Lüftchen durch ihre 120 Nylonsaiten, klingt Musik durchs alte Gemäuer. Vom Turm der Ruine führt der Blick hinaus über die Stadt, über Schwarzwaldhöhen und die Rheinebene. *Frei zugänglich, Kinderwagen / Rollstuhl: Nein*

Parks und Gärten besitzt Baden-Baden fast ohne Zahl. Die **Lichtentaler Allee** bezaubert mit Rasenflächen und uraltem Baumbestand. Zierliche Brücken überspannen dort seit mehr als 350 Jahren das Flüsschen Oos.

Zur Allee gehört ein Dahliengarten mit 1800 Pflanzen. In der Gönneranlage blühen von Mai bis Oktober 10 000 Rosenstöcke. Am Florentinerberg liegt ein kleiner Park mit Zitronen- und Orangenbäumchen, die mediterranes Flair verbreiten. Im Stadtwald wird ein Wildgehege mit Dam-, Rot-, Muffel- und Schwarzwild gehalten. *Frei zugänglich, Kinderwagen / Rollstuhl: Ja*

Auskunft: *Tourist Information, Schwarzwaldstraße 52 und Kaiserallee 3 (Trinkhalle), 76530 Baden-Baden, Telefon (0 72 21) 27 52 00, www.baden-baden.com*

Bei Sauwetter ins »Murgel«

Der gut 16 000 Einwohner zählende Luftkurort Baiersbronn wird 1292 erstmals urkundlich genannt. Gemessen an seiner Grundfläche von fast 190 Quadratkilometern ist Baiersbronn nach Stuttgart die zweitgrößte Kommune im Land. Der Langenbach und die Schönmünz bildeten jahrhundertelang die Grenze zwischen Württemberg und Baden.

Auf dem Heuberg liegt der **Holzweg,** auf dem sich 16 Stationen mit Wald und Holz befassen. Ein Spieleturm zum Klettern steht am Weg. Ein überdimensionales Klangspiel zeigt, dass Musik im Holz steckt. Zum Rasten gibt's ein Rindenhäuschen. Dann ist da noch der Pavillon, den die Rentnergruppe »Alte Buben« gebaut hat, mit Aussicht über Schwarzwaldhöhen. An der alten Pflanzschule »Winterseite« liegt ein Walderlebnisspielplatz mit kleinem Barfußpfad. *Frei zugänglich, Kinderwagen / Rollstuhl: Nein.* Anfahrt: *Wilhelm-Münsterstraße, Berger Weg*

Einige sportliche Fitness verlangt die acht Kilometer lange **Kinderwagentour** zum Wildgehege. Sie beginnt und endet als Rundweg am Wander-Informationszentrum im Bahnhof Baiersbronn. Dort gibt's auch den »Kinderwanderpass« mit pfiffigen Gewinnen. *Frei zugänglich, Kinderwagen / Rollstuhl: Ja*

Sollte das Wetter weder Waldspaziergang noch Kinderwagenrunde erlauben, hilft immer noch **Murgel.** In seinem »Spielhaus« ist jeden Tag Programm. Mal gibt's Minitrampolin, mal Tischkicker, mal Geschicklichkeits- oder Theaterspiel und vieles mehr. *Bildstöckleweg, geöffnet Montag, Mittwoch, Freitag 14.30–17 Uhr, in den Ferien Montag bis Freitag 14.30–17 Uhr, Mittwoch und Samstag 10–12 Uhr, Kinderwagen / Rollstuhl: Ja*

Auskunft: *Baiersbronn Touristik, Rosenplatz 3, 72270 Baiersbronn, Telefon (0 74 42) 8 41 40, www.baiersbronn.de*

Ruine im windigen Eck

Die knapp 30 000 Einwohner zählende Stadt Bühl am Westhang des Schwarzwalds, die 1148/49 urkundlich genannt wird, hat viel gelitten. Kroatische Truppen legten den Marktflecken 1622 in Schutt und Asche. Im Pfälzischen Erbfolgekrieg wurde er 1689 erneut zerstört. Und auch der Spanische Erbfolgekrieg im 18. Jahrhundert machte ihn wieder zum Kriegsschauplatz.

Schriftlich erwähnt wird **Burg Windeck** hoch über Bühl im Jahr 1212.

Sie brannte im 14. Jahrhundert aus. Burgherr Reinhard von Windeck ließ sie zwar wieder aufbauen. Doch 1561 wird sie als verfallen beschrieben. Die Herren von Windeck hatten sich unten im Dorf ein Schloss gebaut. Außer zwei Türmen sind Reste der Palasbauten, des Zwingers und der Ringmauer erhalten. Bei guter Wetterlage bietet sich ein schöner Blick

über die Rheinebene. Zur Burgruine gehört ein Abenteuerspielplatz. *Kinderwagen / Rollstuhl: Nein, Burgturm geöffnet März bis Oktober 9 Uhr bis Einbruch der Dunkelheit*

Die **städtischen Sammlungen** nutzen das sanierte Gebäude einer ehemaligen Bäckerei. Das Bauwerk stammt aus der zweiten Hälfte des 17. Jahrhunderts und ist das zweitälteste Haus am Ort. Die Dauerausstellung behandelt die Themen Stadt- und Wirtschaftsgeschichte sowie Fotografie. Eine grüne Hand auf Schubladen, Bildschirmen, Tonträgern und Truhen fordert zum »Begreifen« auf. *Schwanenstraße 11, geöffnet Dienstag 9–13 Uhr, Donnerstag, Sonntag 14–18 Uhr, Telefon (0 72 23) 94 08 76*

Zwischen den Bühler Stadtteilen Eisental und Altschweier steht der zehn Meter hohe **Großherzog-Friedrich-Jubiläumsturm,** der im Volksmund Carl-Netter-Aussichtsturm genannt wird. Aufgerichtet wurde er 1902 zum fünfzigjährigen Regierungsjubiläum des Großherzogs. Gestiftet haben ihn die Brüder Carl und Adolph Netter, die mit ihrem Stahlunternehmen zu Wohlstand gelangt waren. *Frei zugänglich, Kinderwagen / Rollstuhl: Nein*

Auskunft: *Tourist-Information, Hauptstraße 92, 77815 Bühl, Telefon (0 72 23) 3 32, www.buehl.de*

Am wilden Gertelbach

Die Ortsteile, Weiler und Einzelhöfe des Luftkurorts Bühlertal verteilen sich auf Höhenlagen zwischen 190 und 1000 Metern. Urkundlich genannt wird Bühlertal erstmals 1301 als Besitz der Grafen von Eberstein. Rheinebene und Ausläufer des Schwarzwalds prägen die Landschaft – »Toskana des Landkreises Rastatt« wird sie auch genannt.

Das **Museum Geiserschmiede** war jahrhundertelang eine Mühle, die vom Wasser der Bühlot angetrieben wurde. Im Jahr 1891 wurde sie zur Hammerschmiede umgebaut. Bis 1961 fertigten die Brüder Eugen und Josef Geiser Werkzeug für Land- und Forstwirtschaft. Heute wird im restaurierten Gebäude das gesamte Spektrum des traditionellen Schmiedehandwerks anschaulich präsentiert. *Geöffnet zweiter und vierter Sonntag im Monat 14–17 Uhr, Mai bis Oktober auch jeden Mittwoch 19–21 Uhr, Kinderwagen / Rollstuhl: Ja, Telefon (0 72 23) 99 67-0, www.geiserschmiede.de*

Nur 2,5 Kilometer unterhalb seiner Quelle mündet der Gertelbach in den Wiedenbach. Zuvor aber stürzt er über viele Stufen 350 Meter in die Tiefe, bildet Kaskaden und Sturzbäche. Ein neun Kilometer langer **Rundweg** begleitet ihn. Stege und Brücken führen hinüber, an der Gertelbach- und der Hertahütte vorbei zum Waldgasthaus Kohlbergwiese mit großem Spielgelände. *Immer frei zugänglich, Kinderwagen / Rollstuhl: Nein, Start: Wanderparkplatz oberes Ortsende*

Die **Büchelbach-Wanderung** umrundet das Büchelbachtal. Anfangs ist ein 300 Meter langer Anstieg zu bewältigen. Die ihn geschafft haben, werden immer wieder mit herrlichen Ausblicken über das Tal und die Höhen um die Schwarzwaldhochstraße belohnt. *Frei zugänglich, Kinderwagen / Rollstuhl: Nein*

Auskunft: *Tourist-Information Bühlertal, Hauptstraße 92, 77830 Bühlertal, Telefon (0 72 23) 99 67-0, www.buehlertal.de*

Zu Wildschwein und Reh

»Die Stadt ist ziemlich schön«, notierte 1595 ein Tübinger Gelehrter, »vom Westen sind die Berge so nah, daß man fast einen Stein auf den Marktplatz werfen kann.« Die heutige Kreisstadt mit rund 23 400 Einwohnern wird 1075 erstmals schriftlich genannt. Sie ist eine unter den gut hundert Stationen der Touristikroute »Deutsche Fachwerkstraße«.

Das Bild der Stadt, in der 1877 Hermann Hesse geboren wurde, prägen schmale Gassen, enge Stiegen und viel Fachwerk. Die Stadtinformation hält zahlreiche (kostenpflichtige) **Themenführungen** bereit. Einige

Routen lassen sich ohne Führer begehen. Für sie gibt's jeweils ein Faltblatt in der Stadtinformation – auch sonntags am Info-Ständer. Um Calw kennenzulernen, sind wichtig: »Stadthistorischer Rundgang«, »Auf den Spuren Hermann Hesses« (30 Cent) und »Calw die Fachwerkstadt«. *Frei zugänglich, Kinderwagen / Rollstuhl: Ja*

Auf dem Wimberg leben anderthalb Dutzend **Wildschweine** im fünf Hektar großen Gehege. Auf dem Aussichtssteg, der ins Reich der Schwarzkittel hineinführt, kommen Besucher den Tieren ganz nah. Eine Schautafel teilt Wissenswertes zum Leben der Borstentiere mit. Nahebei liegt ein Grillplatz mit Spielwiese. Am Kloster Hirsau äsen rund zehn **Rotwild-Tiere** im dreieinhalb Hektar großen Gehege. *Frei zugänglich, Kinderwagen / Rollstuhl: Ja, Zugang zum Schwarzwild ab Waldparkplatz Zavelsteiner Straße, zum Rotwild ab Parkplatz Kloster Hirsau*

Von den im 9. und im 11. Jahrhundert errichteten **Klöstern** im Stadtteil Hirsau sind trotz Brandzerstörung im Pfälzischen Erbfolgekrieg 1692 noch große Teile erhalten. Dazu gehören die 900 Jahre alte Aureliuskirche, die Klosterruine St. Peter und Paul, der romanische Eulenturm, der gotische Kreuzgang, die unversehrt erhaltene spätgotische Marienkapelle und das Jagdschloss der Herzöge von Württembeg. *Frei zugänglich, Kinderwagen / Rollstuhl: Nein*

Auskunft: *Stadtinformation Calw, Sparkassenplatz 2, 75365 Calw, Telefon (0 70 51) 16 73 99, www.calw.de*

Rätseln auf der Spur

In einer Urkunde des Klosters Lorsch von 767 wird das heute 8000 Einwohner zählende Dornstetten erstmals schriftlich erwähnt. Stadtrecht erlangte der Ort in der zweiten Hälfte des 13. Jahrhunderts. Schon vor 1461 bestand im Ort eine Schule. Dornstetten ist einer unter mehr als hundert Orten an der Touristikroute »Deutsche Fachwerkstraße«.

Der **Barfußpark** im Stadtteil Hallwangen ist mit einem Bildersuchrätsel verknüpft. Vorhängeschloss, Baumstamm, TÜV-Plakette und Hydrantentafel sind auf dem Rätsel-Faltblatt schnell erkannt. Aber diese vier und weitere 16 Objekte müssen auf dem knapp zwei Kilometer langen Rundweg durch den Barfußpark erst mal gefunden werden. Dabei geht es über Stock und Stein, durch Gras und Wasser, über Rindenmulch und durch tiefen Lehm. Wasser kommt immer wieder vor – am Matschtisch, am Fontänenhüpfer, an der Archimedischen Schraube, in der Furt durch einen Tümpel, im Wassertretbecken. *Geöffnet 1. Mai bis 15. Oktober täglich 9–18 Uhr, Kinderwagen / Rollstuhl: Nein, www.barfusspark.de*

Das **Puppen- und Spielzeugmuseum** im Hegelhaus am Marktplatz zeigt Puppen und Puppenstuben, Zinn-, Blei- und Elastolinfiguren, Dampfmaschinen, Blechspielzeug und Eisenbahnen, Teddybären und Kinderbücher. *Geöffnet Mittwoch 14–17 Uhr, Sonntag 14–17 Uhr, Kinderwagen / Rollstuhl: Ja, Telefon (0 74 43) 71 66*

Im **Heimatmuseum** in der ehemaligen Zehntscheuer ist eine historische Brauerei aufgebaut. Außerdem wird zu Geologie, Paläontologie und Stadtgeschichte berichtet. Handwerksgerät ist ausgestellt, ein altes Klassenzimmer eingerichtet. *Geöffnet Mittwoch, Freitag, Sonntag 14–16.30 Uhr, Kinderwagen / Rollstuhl: Nein*

Auskunft: *Tourist-Information Dornstetten, Marktplatz 2, 72280 Dornstetten, Telefon (0 74 43) 96 20 30, www.dornstetten.de*

Vom Kurpark in den Urwald

Der Luftkurort Enzklösterle im oberen Tal der Großen Enz gründet auf einem kleinen, 1145 entstandenen Zisterzienserkloster. Auf diese Abtei und den Fluss geht der Ortsname zurück. Nach 300 Jahren wurde das Klösterle 1445 aufgelöst und in den Maierhof »Enzhof« umgewandelt.

Urwälder finden sich in Baden-Württemberg kaum. Seit den Winterstürmen »Wiebke« und »Lothar« werden vermehrt einzelne Parzellen als »Bannwald« sich selbst überlassen. Ein Stück urtümlicher Wildnis ist das **Bärlochkar.** Ein drei Kilometer langer Rundwanderweg erschließt diesen kleinen Urwald. Schautafeln schildern, wie vor Jahrtausenden Eiszeitgletscher die Felshänge ausgehöhlt haben, wie die Halden mit mächtigen Gesteinsblöcken entstanden, worin sich Fichten und Tannen unterscheiden, warum Moos vor Hochwasser schützt. *Frei zugänglich, Kinderwagen / Rollstuhl: Nein, Start: Parkplatz Petersmühleweg*

Im **Rotwildgehege** leben acht Hirsche, die Könige des Schwarzwalds. Auf Schautafeln wird ihr Lebensrhythmus erläutert. Ein Fußweg führt rund ums Gehege. So ist fast sicher, dass sich das Wild auch zeigt. *Frei zugänglich, Kinderwagen / Rollstuhl: Ja, Start: Parkplatz Hirschtalstraße*

In der Ortsmitte liegt der **Kurpark** mit Spazierwegen und Ruhebänken. Ein Barfußpfad mit Kneippanlage gehört ebenso dazu wie ein Freiluftschachspiel, ein See mit Wasserfontäne und ein Mühlrad. Ein Naturdenkmal ist die Douglastanne, die seit 1880 zur Höhe von gut 38 Metern herangewachsen ist. Der Stamm hat einen Umfang von mehr als sechs Metern. *Frei zugänglich, Kinderwagen / Rollstuhl: Ja*

Auskunft: *Kurverwaltung Enzklösterle, Friedenstraße 16, 75337 Enzklösterle, Telefon (0 70 85) 75 16, www.enzkloesterle.de*

Auf dem Sagenpfad

Ettlingen, zweitgrößte Stadt im Landkreis Karlsruhe, wird 788 in einer Schenkungsurkunde des elsässischen Klosters Weißenburg erstmals schriftlich erwähnt. Im Pfälzischen Erbfolgekrieg wird es 1689 nahezu vollständig niedergebrannt. Zu römischer Zeit war Ettlingen ein wichtiger Straßenkreuzungspunkt.

Der **Historische Stadtrundgang** führt an 26 Orte in der Altstadt, darunter Bauten wie Rathaus, Pfarrkirche, Synagoge, aber auch Brunnen, Gärten, Teile der Stadtmauer und Skulpturen. An den einzelnen Stationen sind Tafeln angebracht, die den historischen Ort erläutern. So entsteht ein Gang durch die Geschichte der alten badischen Amtsstadt. *Frei zugänglich, Kinderwagen / Rollstuhl: Ja, Broschüre in der Stadtinformation*

Ettlingen ist reich an Sagen und anderen Erzählungen. Anna, die vor langer Zeit mit ihrer Familie in der Lauergasse wohnte, führt Kinder auf dem **Sagenpfad** durch die Stadt. Dabei erzählt sie vom Schwarzen Ratsherrn, vom Schweinekrieg oder von der Singerhexe. Zusätzlich sollen ein paar Aufgaben gelöst werden. Für die richtigen Antworten gibt's einen Preis. *Frei zugänglich, Kinderwagen / Rollstuhl: Ja, Sagenbroschüre in der Stadtinformation*

Am Westhang des Wattkopf verläuft als Rundwanderung der zweieinhalb Kilometer lange **Panoramaweg.** Siebzehn Schautafeln erläutern landschaftliche und kulturhistorische Besonderheiten. Der Rundgang bietet schöne Ausblicke über die Stadt, die Rheinebene bis hin zu Pfälzer Wald und Vogesen. *Frei zugänglich, Kinderwagen / Rollstuhl: Nein, Faltblatt in der Stadtinformation*

Auskunft: *Stadtinformation, Schlossplatz 3, 76275 Ettlingen, Telefon (0 72 43) 1 01-3 80, www.ettlingen.de*

Wasserspaß am Marktplatz

Seit 1939 führt Freudenstadt das Prädikat »heilklimatischer Kurort«. Die Stadt wurde 1599 von Herzog Friedrich I. von Württemberg nach Plänen seines Hofbaumeisters Heinrich Schickhardt als Residenzort angelegt. Ein Stadtbrand, der Dreißigjährige Krieg und der Zweite Weltkrieg schlugen ihr schwere, aber gut verheilte Wunden.

Der Stadtgrundriss folgt den Vorstellungen der Renaissance von der idealen Stadt. Den 219 mal 216 Meter großen **Marktplatz** umstellt die dreizeilige Wohnbebauung. Bedeutendstes Bauwerk ist der Winkelbau der evangelischen Stadtpfarrkirche mit romanischem Taufstein aus dem frühen 12. Jahrhundert und dem Freudenstädter Lesepult aus der Zeit

um 1150. Einen Überblick über die Innenstadt bietet der Rathausturm mit 168 Stufen. Den Marktplatz belebt ein großes Wasserspielfeld. *Geöffnet: Pfarrkirche immer, Rathausturm zu den Bürozeiten der Stadtverwaltung, Schlüssel zum Turm am Empfang, Kinderwagen / Rollstuhl: Nein*

Auf der weiträumigen Kuppe des **Kienbergs** wurde 1899 zum 300-jährigen Stadtjubiläum der 25 Meter hohe Friedrichsturm eingeweiht. Von der Aussichtsplattform bietet sich ein schöner Blick auf die Stadt und ihre Umgebung. Mehr als tausend Rosen und zahlreiche Skulpturen säumen den zum Kienberg hinauflaufenden Pfad. *Frei zugänglich. Kinderwagen / Rollstuhl: Nein, Start: Parkplatz Teuchelwald*

Am Forbach, der unterhalb des Marktplatzes das Christophstal durchströmt, wurden jahrhundertelang mit Wasserkraft angetriebene Eisen-, Hammer- und Sägewerke, dazu auch Walken und Mühlen unterhalten. Der **Geschichtserlebnispfad Wasserleben** führt als sechs Kilometer langer Rundweg zu 15 historischen Orten, die auf Schautafeln beschrieben sind. *Frei zugänglich, Kinderwagen / Rollstuhl: Ja, Start: Unterer Marktplatz*

Auskunft: *Freudenstadt Tourismus, Marktplatz 64, 72250 Freudenstadt, Telefon (0 74 41) 8 64-0, www.ferien-in-freudenstadt.de*

Durch die Botanik

Das rund 14 500 Einwohner zählende Gernsbach erscheint erstmals in einer Urkunde des Jahres 1219. Der Ort wurde mehrfach von Kriegen und Großbränden heimgesucht. Karl Freiherr von Drais unternahm 1817 die erste Bergfahrt mit der von ihm erfundenen Laufmaschine zwischen Gernsbach und Baden-Baden.

Der 13 Kilometer lange **Gernsbacher Sagenweg** verbindet rund um den Gernsberg acht Orte, um die sich sonderbare Erzählungen ranken. Er überwindet 450 Höhenmeter und ist mit einem Teufelchen markiert. An den Stationen berichten Tafeln von den Plätzen und ihren Besonderheiten. Der »Kleine Sagenweg« besucht fünf der acht Stationen, misst fünf Kilometer und ist vornehmlich für Kinder gedacht. *Frei zugänglich, Kinderwagen / Rollstuhl: Nein, Start: Klingelkapelle an der Schloßstraße*

Zwischen Bleichstraße und Murg liegt der **Katz'sche Garten** mit botanischen Raritäten wie Bananenstauden, Palmen, Zypressen, Feigenbäumen, Passionsblumen. Den kleinen Park hat im frühen 19. Jahrhundert die wohlhabende Familie Katz angelegt. Mitte des 20. Jahrhunderts wurde er für die Allgemeinheit geöffnet, geriet in Vergessenheit, verfiel. Nach fünfjähriger Restaurierung

präsentiert er sich seit 2001 wieder in alter stiller Pracht. *Frei zugänglich, Kinderwagen / Rollstuhl: Ja*

Auf fünf Hektar erstreckt sich der in voller Länge vom Igelbach durchströmte **Kurpark** als ein Ort der Ruhe und Erholung. Rasenflächen, exotische Bäume, Schwanenteiche und Springbrunnen beleben die Anlage. Im Sommer gibt's Kurkonzerte und Theater. Am oberen Ende liegt ein Spielplatz. *Frei zugänglich, Kinderwagen / Rollstuhl: Ja*

Auskunft: *TouristInfo Gernsbach, Igelbachstraße 11, 76593 Gernsbach, Telefon (0 72 24) 6 44-44, www.gernsbach.de*

Buntes Bilderbuch am Rathaus

Die knapp 26 000 Einwohner zählende Große Kreisstadt Horb wird erstmals um 1090 als »Horwa« erwähnt, was althochdeutsch Sumpf bedeutet. Keimzelle der Stadt am Neckar war die Burg am Rand des Schüttebergs. Mehr als neunhundert Jahre Geschichte haben in der jahrhundertelang Vorderösterreich angehörenden Stadt sichtbare Merkmale hinterlassen. Horb sieht sich gern als »Tor zum Schwarzwald«.

An zwölf Stationen wird die Horber **Altstadt** vorgestellt. Unter ihnen sind Marktbrunnen, Schurken- und Luziferturm, »Klein Venedig« und vor allem das Rathaus von 1733. Dessen Fassade hat der Kunstmaler Wilhelm Klink von 1925 bis 1927 mit dem »Horber Bilderbuch« verziert. Es zeigt über dem Hauptportal das Stadtwappen. Über diesem hält der österreichische Doppeladler die Wappen all jener Herren, denen Horb einst gehört hat. Porträts bedeutender Persönlichkeiten ergänzen das Bilderbuch. Bestechend sind die Menschengruppen mit Hochzeitszug, Fahnenträgern von Feuerwehr und Kaufmannschaft und Vertretern der Handwerkerzünfte. *Frei zugänglich, Kinderwagen / Rollstuhl: Ja, Beschreibung im Internet*

Im Stadtteil Hohenberg haben die »Kleindenkmalfreunde Horb« ihren **Steinernen Geschichtsgarten** mit mehr als 60 alten Grenzsteinen angelegt. Dazu gehören Landes- und Gemeindegrenzsteine, Jagd- und Zehntsteine, Gemarkungs-, Wald- und Flurgrenzsteine, auch Fisch- und Kilometersteine. Der älteste Grenzstein wurde 1549 auf der Gemarkungsgrenze zu Rexingen aufgestellt. Der jüngste Stein ist aus dem Jahr 1908 und markierte die Grenze der Königreiche Württemberg und Preußen. *Kreuzerstraße nahe Hohenberg-Kasino, frei zugänglich, Kinderwagen / Rollstuhl: Ja*

Auskunft: *Stadtinformation Horb am Neckar, Marktplatz 12, 72160 Horb am Neckar, Telefon (0 74 51) 9 01-0, www.horb.de*

Waldmikado

Karlsbad wurde 1971 aus fünf Orten neu gebildet, deren Geschichte ins 12. und 13. Jahrhundert zurückreicht. Der Kunstname Karlsbad geht auf Karl III. von Baden-Durlach zurück, den Gründer der Stadt Karlsruhe. Er ließ 1719 im Ortsteil Langensteinbach ein Fürstenbad anlegen.

Der gut einen Kilometer lange Spielberger **Waldkulturpfad** führt Natur, Kunst und Kultur zusammen. Am Weg liegen der Erzählplatz, an dem Geschichten vorgelesen oder auch ausgedacht werden, die Klangkreise, in denen Musik sich mit den Geräuschen des Waldes mischt, und die Lichte Eiche mit dem Hüttenspielplatz. Waldmikado und Adlerhorst laden ein, von Lust und Freude auf dem Kulturpfad eine Weile auszuruhen. Am Pfad finden regelmäßig kulturelle Veranstaltungen statt. *Waldrand Ortsende Spielberg Richtung Langensteinbach, frei zugänglich, Kinderwagen / Rollstuhl: Ja, Telefon (0 72 48) 91 44-8 00, www.spielberger-waldkulturpfad.de*

Seit rund 20 Jahren unterhält der Heimatverein im Ortsteil Ittersbach das **Heimatmuseum.** Die im ehemaligen Schulhaus von 1833 eingerichtete Sammlung zeigt im Erdgeschoss Haus- und Landwirtschaft wie auch Lebensverhältnisse in vorindustrieller Zeit. Dem ortstypischen Handwerk der Kalkbrenner, Steinhauer und Ziegler ist das zweite Stockwerk vorbehalten. Unterm Dach sind Feierabendziegel ausgestellt und im Keller Vorratswirtschaft. In der Museumsscheune nebenan werden kulturelle Veranstaltungen angeboten. *Geöffnet erster Sonntag im Monat 14–17 Uhr, Kinderwagen / Rollstuhl: Nein, Telefon (0 72 48) 41 04, www.heimat-karlsbad.de*

Auskunft: *Gemeinde Karlsbad, Hirtenstraße 14, 76307 Karlsbad, Telefon (0 72 02) 93 04-4 00, www.karlsbad.de*

Freitags umsonst

Am Reißbrett hat Markgraf Karl-Wilhelm von Baden-Durlach seine Traumstadt entwerfen lassen. Das Besondere: Vom zentralen Schloss ausgehend führen Straßen strahlenförmig in alle Himmelsrichtungen. Mit der Grundsteinlegung am 17. Juni 1715 beginnt die Geschichte Karlsruhes, heute die drittgrößte Stadt Baden-Württembergs.

Der **Schlossgarten** bildet mit dem Schlossvorplatz den Rahmen für das Residenzschloss. Zunächst im Stil französischer barocker Gartenanlagen erdacht, wurde er ab 1787 im englischen Stil umgestaltet. Stadtgartensee, Fasanen- und Seerosengarten, dazu zahlreiche Brunnen unterschiedlicher Epochen beleben den Park. Fast immer liegt der Schlossturm im Blick des Gartenbesuchers. *Frei zugänglich, Kinderwagen / Rollstuhl: Ja*

Freitags ab 14 Uhr öffnet Karlsruhe seine wichtigsten **Museen** zum kostenlosen Besuch: *Badisches Landesmuseum im Schloss einschließlich Schlossturm, ohne Sonderausstellungen, Schlossbezirk 10, Telefon (07 21) 9 26-65 14, www.landesmuseum.de, Kinderwagen / Rollstuhl: Ja, Museum in der Majolika, ohne Sonderausstellungen, Ahaweg 6–8, Telefon (07 21) 9 26 65 14, www.landesmuseum.de,*

Kinderwagen / Rollstuhl: Nein, ZKM | Zentrum für Kunst und Medientechnologie Karlsruhe mit dem Medienmuseum und dem Museum für Neue Kunst, Telefon (07 21) 81 00-0, www.zkm.de, Kinderwagen / Rollstuhl: Ja; immer kostenlos ist der Besuch im Museum für Literatur am Oberrhein, Prinz-Max-Palais, Karlstraße 10, Telefon (07 21) 1 33-40 87, www.literaturmuseum.de, Kinderwagen / Rollstuhl: Ja

Am südwestlichen Stadtrand liegt auf einer Insel das **Naturschutzzentrum Rappenwört.** Die Dauerausstellung präsentiert anschaulich die Natur der Rheinaue. Darüber hinaus veranstaltet es Seminare, naturkundliche Führungen, Kinder- und Familientage. Ziel ist es, das Verantwortungsbewusstsein für die Natur zu wecken und zu stärken. Im Kindererlebnisraum geht es spielerisch zu. Zum Zentrum gehören ein Walderlebnispfad und eine Auenwald-Rallye. *Hermann-Schneider-Allee 47, geöffnet April bis September Dienstag bis Freitag 12–18 Uhr, Sonn- und Feiertage 11–18 Uhr, Oktober bis März Dienstag bis Freitag 12–17 Uhr, Sonn- und Feiertage 11–17 Uhr, Kinderwagen / Rollstuhl: Ja, Telefon (07 21) 9 50 47-0, www.naturschutzzentren-bw.de*

Auskunft: *Touristeninformation, Bahnhofplatz 6, 76137 Karlsruhe, Telefon (07 21) 37 20-53 83, www.karlsruhe.de*

Im Zauberwald

Im Ortsnamen des kleinen Luftkurorts lebt die verschwundene Loseburg fort, die im 13. Jahrhundert von den Grafen von Sulz an die Geroldsecker überging. Loßburg, wo die Kinzig ihren Ausgang nimmt, ist Bundessieger und Preisträger im Landeswettbewerb »Familienferien«.

Am Loßburger Ortsrand entspringt die 93 Kilometer lange Kinzig, die nahe Kehl den Rhein erreicht. Ins Quellgebiet zieht sich das **Loßburger Zauberland,** ein Stück vom Menschen gestaltete Natur. Zu ihm gehört ein knapp zwei Kilometer langer Naturpfad. Am Beginn liegt die »Duftspirale« aus wohlriechenden Sträuchern und Kräutern. Es gibt Wasserspiele, ein Baumhaus und einen Niederseilgarten. Entlang einer Holzteuchelwasserleitung führt der Weg zu Kinzigsee und -quelle. In den Sommerferien ist freitags Märchentag mit der Kinzigfee und Märchenfrau Scara. *Frei zugänglich, Kinderwagen / Rollstuhl. Nein, Start: Gegenüber dem Freibad*

Das **Heimatmuseum Altes Rathaus** von 1838 liegt in der Ortsmitte. Den Schwerpunkt bildet eine Sammlung von rund 60 Schwarzwalduhren, teilweise älter als 200 Jahre. Zudem zeigt das Museum eine Lehrerwohnung, ein Klassenzimmer von 1930, die Einrichtung alter Loßburger

Gasthäuser und ein Modell des Loßburger Bahnhofs von 1945. Aus dem 7. Jahrhundert stammen Alemannenfunde wie Waffen und Schmuck. *Geöffnet Mittwoch 14–16.30 Uhr, Sonntag 14–17 Uhr, Kinderwagen / Rollstuhl: Nein*

Zum 100-jährigen Jubiläum des Schwarzwaldvereins Loßburg wurde im Jahr 2002 auf der Rodter Höhe der 35 Meter hohe **»Vogteiturm«** aus Douglasienstämmen aufgerichtet. Zur Aussichtsplattform in 31 Metern Höhe führen 172 stählerne Stufen. Oben bietet sich ein Ausblick über Loßburg und hinaus zur Schwäbischen Alb und ins Neckarvorland. *Frei zugänglich, Kinderwagen / Rollstuhl: Nein*

Auskunft: *Loßburg-Information, Hauptstraße 46, 72290 Loßburg, Telefon (0 74 46) 95 04 60, www.lossburg.de*

Stattliche Burgruine

Nagold mit gut 22 500 Einwohnern liegt am Zusammenfluss von Nagold und Waldach. Der Ort wird erstmals 786 als »villa nagaltuna« erwähnt. Das Nagoldtal war im Dreißigjährigen Krieg, in den Erbfolge- und Koalitionskriegen ständiges Durchzugsgebiet verfeindeter Truppen, die Abgaben forderten, plünderten, die Pest brachten.

Burg Hohennagold entstand im 11. Jahrhundert. In der Folgezeit wurde sie ausgebaut, ehe 1645 im Dreißigjährigen Krieg kurbayerische Truppen sie zerstörten. Später diente sie als Steinbruch. Dennoch sind stattliche Reste erhalten, die saniert und gesichert wurden. Der Turm gewährt schöne Ausblicke auf Nagold und Umgebung. *Frei zugänglich, Turm geöffnet April bis Oktober zweiter und vierter Sonntag im Monat 14–17 Uhr, Kinderwagen / Rollstuhl: Nein*

Eine Stadt ohne Bäume ist leblos, meint die BUND-Ortsgruppe. Sie hat sich auf die Suche gemacht nach Bäumen in der Stadt. Entstanden ist der Nagolder **Baumpfad**, der kreuz und quer durch den Ort führt und 22 unterschiedliche Bäume aufsucht. Darunter sind Winterlinde, Bergahorn und Eibe, Flatterulme, Walnuss, Kastanie, aber auch Exoten wie Mammutbaum und Ginkgo. *Frei zugänglich, Kinderwagen / Rollstuhl: Ja, Broschüre im Rathaus-Foyer*

Im Nagoldtal siedelten vor 2500 Jahren Kelten. Am Schlossberg fanden sich Reste einer Fluchtburg. Im Krautbühl, einem keltischen Grabhügel, ruht vermutlich ein Keltenfürst. Der **Archäologische Wanderweg Nagold/Jettingen** führt zu Spuren von Kelten und Römern. *Frei zugänglich, Kinderwagen / Rollstuhl: Nein, www.kelten-online.de*

Auskunft: *Tourismusbüro, Rathaus, Marktstraße 27–29, 72202 Nagold, Telefon (0 74 52) 6 81-1 35, www.nagold.de*

Holländer-Michel

Die 7 500 Einwohner große Stadt Neuenbürg wird 1274, als ihr die Stadtrechte verliehen werden, erstmals urkundlich genannt. Die namensgebende Neue Burg entstand im 12. Jahrhundert. Ihre 100 Jahre älteren Vorgänger Waldenburg und Straubenhardt sind als Ruinen erhalten. Jahrtausendelang wurde um Neuenbürg Eisenerz abgebaut.

Im **Schloss Neuenbürg** aus dem 17. Jahrhundert wird Wilhelm Hauffs Märchen »Das kalte Herz« aufgeführt. Szenen um den Köhler Peter Munk, den Holländer-Michel und das Glasmännlein erscheinen wie in einem begehbaren Theater. Wunderbar geschnitzte Holzfiguren, mechanisches Theater, Licht und Ton lassen den Besucher staunen. Die Dauerausstellung des Museums präsentiert – unterstützt von einer kleinen Diaschau – Schloss-, Regional- und Stadtgeschichte. **Eintritt frei mit Landesfamilienpass,** *geöffnet Dienstag bis Samstag 13–18 Uhr, Sonn- und Feiertage 10–18 Uhr, Kinderwagen / Rollstuhl: Ja*

Nah dem Neuenbürger Freibad unterhält Familie Burghardt neben ihrem Maler- und Lackierbetrieb einen idyllisch an der Enz gelegenen **Kleintierzoo.** Gehalten werden heimische und exotische Tiere, darunter Schweine und Gänse, Nandus und Pfauen. *Frei zugänglich, Kinderwagen / Rollstuhl: Ja, Telefon (0 70 82) 61 27*

In Neuenbürgs ehemaliger, im Kern frühgotischer **Schlosskirche** sind umfangreiche Wandmalereien aus der Mitte des 14. Jahrhunderts erhalten. Vermutlich war die Kirche ursprünglich vollständig ausgemalt. Gut zu erkennen sind Marienszenen, ein Christuszyklus, das Jüngste Gericht und die Klugen Jungfrauen. *Kinderwagen / Rollstuhl: Nein, Besuch anmelden, Telefon (0 70 82) 79 28 60*

Auskunft: *Schloss Neuenbürg,*
75305 Neuenbürg,
Telefon (0 70 82) 79 28 60,
www.schloss-neuenbuerg.de

Bummel durchs Barock

Die rund 60 000 Einwohner zählende Kreisstadt Offenburg tritt erstmals 1148 urkundlich in Erscheinung. Sie ist Sitz des 1973 gebildeten Ortenaukreises. Im Pfälzischen Erbfolgekrieg wurde die Stadt 1689 fast völlig zerstört. Im Gasthaus Salmen fand im September 1847 die »Offenburger Versammlung« statt, deren Forderungen zur »Badischen Revolution« beitrugen.

Die **Städtische Galerie** im Kulturforum präsentiert »Kunst im Fokus klassischer und neuer Medien«. Die Ausstellungen umfassen Malerei, Plastik, Zeichnung, Fotografie und Installationen. Jährlich wechselnd werden Bilder der Offenburger

Künstlerin Gretel Haas-Gerber gezeigt. Neben diesen kostenlosen Angeboten gibt es zudem (gegen Gebühr) Führungen, Künstlergespräche, offene Kunstwerkstatt oder Kindergeburtstage. *Amand-Goegg-Straße 2, geöffnet Dienstag, Donnerstag, Freitag 13–17 Uhr, Mittwoch 13–20 Uhr, Samstag, Sonntag 11–17 Uhr, Kinderwagen / Rollstuhl: Ja, Telefon (07 81) 82-20 40*

Mitte April bis Ende Oktober werden samstags ab 10 Uhr **Führungen** in der Innenstadt angeboten. Sie ziehen durchs Stadtzentrum oder zur teilweise erhaltenen Stadtmauer, zeigen Kirchen, Gewölbekeller und Denkmale. Von Juni bis August kommen mittwochs ab 19 Uhr Abendführungen mit »besonderem Flair« hinzu. *Kinderwagen / Rollstuhl: Ja, Telefon (07 81) 82-20 00, Faltblatt im Bürgerbüro, Fischmarkt 2*

Den gut einen Kilometer langen **Barfußpfad** im Offenburger Stadtteil Zell-Weierbach hat die Kinderhilfseinrichtung »Haus Fichtenhalde« angelegt. Ihre Kinder halten die Anlage nun auch in Schuss. Es geht am Bach entlang, über Wiesen, Baumrinde, Sand, Stroh, Torf, Kies, Splitt, Steine. Alles endet am »Großen Brunnen« zum Füßewaschen, Spielen und vielleicht auch zum Picknicken. *Frei zugänglich, Kinderwagen / Rollstuhl: Nein, Telefon (07 81) 93 48 11*

Auskunft: *Stadtinformation, Fischmarkt 2, 77652 Offenburg, Telefon (07 81) 82-20 00, www.offenburg.de*

Ein Wald voller Rätsel

Der Bischof von Straßburg errichtete 774 ein die ganze Ortenau umfassendes Archidiakonat. Ihm fügte er das heute gut 6000 Einwohner zählende Ottersweier hinzu. Markgräfin Maria Viktoria gründete hier 1774 eine Klosterschule, in der sie Mädchen auf ihre künftigen Aufgaben als Mütter und Erzieherinnen vorbereiten ließ.

Seit 2005 unterhält Ottersweier eine **Walderlebnisstation.** Ihre wesentlichen Elemente sind ein großes Außengelände mit einer Waldhütte. Die Station selbst wird Schulen und Kindergärten gegen Kostenerstattung überlassen, das Freigelände kann dagegen jeder nutzen. In der Hütte finden die kleinen Walderforscher Käscher, Lupen, Mikroskope. Mit ihrer Hilfe untersuchen und bestimmen sie im Wald aufgelesene Blätter, Baumrinden, Moose oder Fichtenzapfen. *Frei zugänglich, Kinderwagen / Rollstuhl: Nein, Start: Parkplatz Hundseck an der B 500*

Zur Erlebnisstation gehören **Rätsel-, Pirsch- und Barfußpfade.** Am 500 Meter langen Pirschpfad sind elf Tiere versteckt. Über den Barfußpfad geht's – immer am Seil entlang – mit geschlossenen Augen voran. Die Fragen zum Rätselpfad liegen für zwei Altersklassen an der Erlebnisstation aus und lassen sich auch aus dem Internet herunterladen. *Frei zugänglich, Kinderwagen / Rollstuhl: Nein, Faltblatt im Rathaus*

Besuchern und Einheimischen legt die Gemeinde den **Historischen Rundgang** durchs Dorf mit einer Länge von nur zwei Kilometern ans Herz. Auf 21 Schautafeln wird die Entwicklung des mittelbadischen Orts über die Jahrhunderte aufgeblättert. Gestartet werden kann an jeder Tafel. *Frei zugänglich, Kinderwagen / Rollstuhl: Ja, Faltblatt im Rathaus*

Auskunft: *Gemeinde Ottersweier, Laufer Straße 18, 77833 Ottersweier, Telefon (0 72 23) 98 60-0, www.ottersweier.de*

Holzköpfe

Die erste schriftliche Nennung der Gemeinde Pfalzgrafenweiler im Jahr 1165 steht im Zusammenhang mit der Belagerung und Zerstörung der Burg der Pfalzgrafen von Tübingen durch die Welfen. Marktrecht erhält der Ort 1729, wird aber 70 Jahre später in einem Großbrand fast völlig vernichtet. Heute ist der Ort vor allem durch seinen Bannwald mit jahrhundertealten Schwarzwaldtannen bekannt.

Freizeitkünstler Günter Dransfeld hat Kunst in den **Weiler Wald** gebracht, ein 1999 vom Wintersturm Lothar verwüstetes Gebiet. Dort hat Dransfeld 28 Skulpturen in Holz gehauen oder Holz mit anderem Material verbunden. Die inzwischen ziemlich ramponierten Holzköpfe reichen von »Bleichgesicht« bis »Zinkenbohrer«, mancher mit hintersinniger Bedeutung. *Frei zugänglich, Kinderwagen / Rollstuhl: Ja, Start: Parkplatz Schwende an der B 28*

Matthias Schweikle hat vom Sturm entwurzelte Bäume – das Wurzelwerk nach oben – in große Betontöpfe gestellt. Seine drei Kilometer lange **Baumweltentour** soll neue Wege aufzeigen und altes Denken auf den Kopf stellen. Der Weg führt zum Platz der »Bäume des Jahres« und zur »Jubiläumshecke« mit 15 Baum- und Straucherarten. *Frei zugänglich, Kinderwagen / Rollstuhl: Ja, Start Parkplatz Hüttenwasen an der B 28*

Das **Heimatmuseum** im Ortsteil Edelweiler stellt das ländliche Leben einer Zeit vor, die von Holz und Muskelkraft geprägt war. Auf rund 350 Quadratmetern wird die Dorfgeschichte aufgeblättert. Die Handwerksberufe Schmied und Schuhmacher werden gezeigt, dazu Erntemaschinen und Traktoren. *Mai bis Dezember jeder Donnerstag sowie erster und dritter Sonntag im Monat 14–18 Uhr, Kinderwagen / Rollstuhl: Nein*

Auskunft: *Gästeinformation Pfalzgrafenweiler, Hauptstraße 1, 72285 Pfalzgrafenweiler, Telefon (0 74 45) 85 18-27, www.pfalzgrafenweiler.de*

Wisente im Gehege

Die Großstadt Pforzheim geht auf eine römische Siedlung »Portus« (Hafen) an der Enz zurück. Die Römerstraße Straßburg – Cannstatt querte dort in einer Furt den Fluss. In der Welt bekannt geworden ist Pforzheim vor allem über seine Schmuck- und Uhrenindustrie, für die Markgraf Karl Friedrich von Baden 1767 die Grundlage schuf.

Weit mehr als 400 Säugetiere, aber auch Frösche, Fische, Vögel aus den verschiedensten Weltgegenden bevölkern den **Pforzheimer Wildpark.** Auf 16 Hektar beherbergt er Scharen wilder und zahmer Tiere wie Elch, Mufflon, Ren, Rot- und Sikawild, Steinbock, Storch, Wildschwein, Wisent und viele mehr. Mit einem Kinderbauernhof, Streichelzoo oder einer Fahrt mit dem

Pferdewagen ist zudem für viel Action gesorgt. *Tiefenbronner Straße 100, frei zugänglich, Parkgebühr, Kinderwagen / Rollstuhl: Ja, Telefon (0 72 31) 39 33 28*

Der Verein »Gegen das Vergessen« hat eine Sammlung zur Geschichte der DDR angelegt. Das **DDR-Museum** zeigt die verschiedenen Aspekte des 1989 in der »sanften Revolution« untergegangenen Staats. Themen in der Ausstellung sind der Alltag im Land, die innerdeutsche Grenze, die Berliner Mauer, Strafvollzug, sowjetischer Terror und mehr. *Hagenschießstraße 9, geöffnet Sonntag 11–15 Uhr, Kinderwagen / Rollstuhl: Nein, Telefon (0 72 31) 4 24 33 40*

Der **archäologische Schauplatz** am »Kappelhof« ist wie ein Schaufenster in die Vergangenheit vor 2000 Jahren. Überreste der römischen Besiedlung sind zu sehen – vor allem Mauerfundamente, Heizungssysteme, Küchen, Latrinen, Brunnen, aber auch Grabmäler, Holzfiguren und Handwerksgerät. Stege führen über die Ausgrabungen. Schautafeln erläutern die Ausstellung. *Altstädter Straße 26, geöffnet Sonntag 11–17 Uhr, Kinderwagen / Rollstuhl: Nein*

Auskunft: *Tourist-Information Pforzheim, Im Neuen Rathaus, Marktplatz 1, 75175 Pforzheim, Telefon (0 72 31) 39 37 00, www.pforzheim.de*

Nach Versailler Vorbild

Die Kreisstadt Rastatt mit knapp 48 000 Einwohnern ist größte Stadt im Landkreis. Erstmals schriftlich genannt wird der Ort als »Rasteten« ums Jahr 1084. Der Pfälzische Erbfolgekrieg zerstörte die Stadt 1689 fast vollständig. Im Rastatter Frieden wurde nach dreizehn Kriegsjahren 1714 der Spanische Erbfolgekrieg beendet.

Das Markgräfliche **Residenzschloss** hat Ludwig Wilhelm von Baden-Baden ab 1700 als monumentale Dreiflügelanlage nach dem Vorbild des Schlosses von Versailles bauen lassen. Das ausgedehnte, fast vollständig erhaltene Ensemble stellt das authentische Beispiel einer Residenz des frühen 18. Jahrhunderts dar. Den Mittelpunkt bildet der Ahnensaal, in dem die großen Feste des Barock gefeiert wurden. **Kostenlos mit Landesfamilienpass,** geöffnet *April bis Oktober Dienstag bis Sonntag 10–17 Uhr, November bis März Dienstag bis Sonntag 10–16 Uhr, Kinderwagen / Rollstuhl: Ja*

Einen Rausch aus Formen und Farben bietet **Schloss Favorite** in Rastatt-Förch. Dieses einstige Jagd- und Lustschlösschen hat Markgräfin Sibylla Augusta von Baden-Baden im frühen 18. Jahrhundert mit Sammlerstücken der Fayence-, Glas- und Pozellankunst ausstatten lassen. Der Schlosspark ist als englischer Landschaftsgarten angelegt. **Kostenlos mit Landesfamilienpass,** *geöffnet 16. März bis 30. September Dienstag bis Sonntag 10–18 Uhr, 1. Oktober bis 15. November Dienstag bis Sonntag 10–17 Uhr, Kinderwagen / Rollstuhl: Ja*

Auskunft: *Barockresidenz Rastatt, Herrenstraße 18–20, 76437 Rastatt, Telefon (0 72 22) 97 83 85, www.schloss-rastatt.de, Schloss Favorite, Am Schloss Favorite 5, 76437 Rastatt-Förch, Telefon (0 72 22) 4 12 07, www.schloss-favorite.de*

Nixe und Wassermann

Der kleine Luftkurort Seebach liegt im oberen Achertal, das im 12. Jahrhundert besiedelt wurde. Die Landschaft prägen im Tal Wiesen und Felder, über diesen locken bewaldete Höhen. Die Ortschaft erstreckt sich weit verstreut auf Höhenlagen zwischen 400 und 1164 Metern. Mehr als drei Viertel der Gemeindefläche sind mit Wald bedeckt.

In einer großen kesselförmigen Vertiefung liegt der **Mummelsee,** an den sich Sagen, Märchen und Mythen knüpfen. Seit undenklichen Zeiten sollen sich in der Tiefe Nixen und Wassermänner tummeln. Ein Skulpturenpark lädt zur Besichtigung ein. *Frei zugänglich, Kinderwagen / Rollstuhl: Nein*

Vom Mummelsee führt der **Grindenpfad** auf die 1164 Meter hohe »Hornisgrinde«, höchste Erhebung im Nordschwarzwald. Der Weg ist drei Kilometer lang. Er läuft am

Bismarckturm vorbei, am 1910 eröffneten 23 Meter hohen (kostenpflichtigen) Aussichtsturm vorüber und schließlich auf einem Holzbohlenpfad durchs Hochmoor. Zwölf Wegstationen berichten über Tierwelt und Landschaft. *Frei zugänglich, Kinderwagen / Rollstuhl: nein*

Das **Naturschutzzentrum Ruhestein** lässt Besucher die Natur hautnah erleben. Dazu hält es (kostenpflichtige) Angebote für Kinder und Erwachsene bereit. Die Dauerausstellung präsentiert den Nordschwarzwald in Geologie, Flora und

Fauna, Nutzung in Vergangenheit und Zukunft. Wechselausstellungen greifen Natur- und Landschaftsthemen auf. *Naturschutzzentrum Ruhestein, Schwarzwaldhochstraße 2, geöffnet Mai bis September außer Montag und Freitag 10–18 Uhr, Oktober bis April außer Montag und Freitag 10–17 Uhr, offen auch an Feiertagen, Kinderwagen / Rollstuhl: Ja, Telefon (0 74 49) 9 10 20, www.naturschutzzentren-bw.de*

Auskunft: *Tourist-Information Seebach, Ruhesteinstraße 21, 77889 Seebach, Telefon (0 78 42) 94 83-20, www.seebach.de*

Museen im Wasserschloss

Wie der Name der Schwarzwaldstadt schon andeutet, spielte in ihrer Vergangenheit das kostbare Gut Salz eine wichtige Rolle. Heute zeugen nur noch wenige Spuren von dem einst wichtigen Wirtschaftsfaktor für Sulz am Neckar.

Das **Wasserschloss** Glatt beherbergt vier Museen. Das Bauernmuseum zeigt Kulturgut von Bauern und Handwerkern. Im Adelsmuseum wird die Geschichte des Adels am oberen Neckar präsentiert. Das Schlossmuseum stellt die Entwicklung des Dorfs Glatt aus. Die Schlossgalerie bietet Arbeiten der Kunstschulen Bernstein und Karlsruhe. **Freier Eintritt bis 18 Jahre,** *geöffnet April bis Oktober Dienstag bis Freitag 14–17 Uhr, Samstag, Sonn- und Feiertag 11–18 Uhr, November bis März Samstag, Sonn- und Feiertag 14–17 Uhr*

Im Haus Untere Hauptstraße 5 in Sulz ist das **Bauernfeind-Museum** eingerichtet. Der Maler Bauernfeind ist 1848 in Sulz am Neckar geboren, studierte in Stuttgart Bauwesen, verlegte sich später auf die Malerei. Nach Reisen durch Ägypten, Palästina und Syrien malte er vor allem orientalische Straßenszenen. Er ist 1904 in Jerusalem gestorben. **Freier Eintritt bis 18 Jahre,** *geöffnet Sonntag 14–17 Uhr*

Burg Albeck oberhalb der Stadt Sulz war Stammsitz der Grafen von Sulz. Um 1251 fiel sie an die Grafen von Geroldseck, 1688 wurde sie im Pfälzischen Erbfolgekrieg zerstört. Die Reste bilden eine der schönsten Burgruinen im Land. Im zweistöckigen Palas sind gotische Fenster in den Formen des späten 13. Jahrhunderts erhalten. *Frei zugänglich, Kinderwagen / Rollstuhl: Nein*

Auskunft: *Städtisches Verkehrsamt, Obere Hauptstraße 2, 72172 Sulz am Neckar, Telefon (0 74 54) 9 65 00, www.sulz.de*

Schäferlauf

Der rund 10 000 Einwohner zählende Luftkurort Wildberg erscheint erstmals 1237 in einer Urkunde. Die um 1200 erbaute Burg brennt 1618 nach einem Blitzschlag völlig aus, wird aber bis 1692 als Schloss wiederaufgebaut. Ein Luftangriff im Februar 1945 zerstört die Anlage endgültig und lässt nur Ruinen zurück.

Der alle zwei Jahre ausgetragene **Wildberger Schäferlauf** gilt als eines der ältesten Heimatfeste im nördlichen Schwarzwald. Seit 1723 laufen Schäfer und Schäfermädchen hier um die Wette. Das viertägige Fest beginnt Freitagabend mit Heimatspiel und Rockkonzert. Samstag ist Leistungshüten. Höhepunkt ist am Sonntag. Um 12.30 Uhr startet der (kostenpflichtige) Festumzug mit Trachten-, Schäfertanz- und Volkstanzgruppen, mit Reitern und Kutschen, Musikkapellen, Museumstraktoren und Vereinen. Danach beginnen im Naturstadion die (kostenfreien) Schäferläufe in mehreren Disziplinen. Montag ist in der Klosteranlage Reuthin Krämermarkt, nachmittags buntes Programm mit Kindern, abends Feuerwerk. *Drittes Juliwochenende in geraden Jahren, Kinderwagen / Rollstuhl: Ja*

Wildberg, dessen Ortskern in eine weite Schleife der Nagold gebettet ist, unterhält einen **Heimatgeschichtlichen Lehrpfad.** Er führt über 21 Stationen von der Schlossruine über den Marktplatz zum 1480 erbauten Rathaus, zur Martinskirche von 1467, zu Resten der Stadtmauer mit Hexen- und Arrestturm. *Frei zugänglich, Kinderwagen / Rollstuhl: Nein*

Zwei **Wanderwege** »Auf den Spuren des Schäfers« führen in die Umgebung des Schäferstädtchens. *Frei zugänglich, Kinderwagen / Rollstuhl: Nein, Wanderkarte im Verkehrsamt*

Auskunft: *Rathaus Wildberg, Tourismus, Marktstraße 2, 72218 Wildberg, Telefon (0 70 54) 20 10, www.wildberg.de*

Rätselhafte Krokusblüte

Zavelstein war bis zur Gemeindereform im vorigen Jahrhundert die kleinste Stadt Württembergs. Das denkmalgeschützte »Städtle« mit rund 700 Einwohnern hat sein ursprüngliches Ortsbild gut bewahrt. Über die Grenzen bekannt gemacht hat den Ort im Teinachtal die alljährliche Krokusblüte.

Im zeitigen Frühjahr sprießen im Ort Millionen weiße bis blassblaue Blüten. Der **Krokusweg** beginnt am Marktplatz und erklärt an sieben Stationen das Krokuswunder – auch außerhalb der Blütezeit. Guckkästen zeigen Krokusbilder zu allen Jahreszeiten. *Frei zugänglich, Kinderwagen / Rollstuhl: Ja, Krokusblüte März bis Mitte April*

Die im Kern romanische **Burg Zavelstein** wurde im 17. Jahrhundert zum Schloss umgebaut, im Pfälzischen Erbfolgekrieg jedoch zerstört. Stattliche Teile aber sind als Ruine erhalten. Der um 1200 errichtete Bergfried ist noch 25 Meter hoch und bietet eine herrliche Aussicht ins Teinachtal und hinüber zur Schwäbischen Alb. *Frei zugänglich, Turm nur zur Kursaison, Kinderwagen / Rollstuhl: Nein*

Zavelsteins Burgherr hatte schon 1642 die Trinkwasserversorgung für Burg und Stadt sichergestellt. Die **Rötenbacher Quellen** speisen noch heute 15 Brunnen. Über zwei Kilometer führt der Rundweg an 19 Stationen vorbei, die Geschichte und Besonderheiten der Zavelsteiner Wasserversorgung erzählen. Die Tour beginnt am Schlossbrunnen, läuft zum Schulmeisterbrünnele, zu Rathaus-, Kirch- und Städtlesbrunnen, zu Krokusbrunnen, Schmiedsbrünnele und manch anderen. *Frei zugänglich, Kinderwagen / Rollstuhl: Ja*

Auskunft: *Teinachtal-Touristik, Rathausstraße 5, 75385 Bad Teinach, Telefon (0 70 53) 9 20 50 40, www.teinachtal.de*

Mittlerer Schwarzwald

Stippvisite beim Glasbläser

Um das 1095 vom Bistum Konstanz gegründete Kloster Alpirsbach im Tal der Kinzig hat sich im Lauf der Zeit die gleichnamige Bürgersiedlung entwickelt. Im 18. Jahrhundert kam der Ort mit dem Abbau von Gold, Kobalt und Silber zu Wohlstand. Alpirsbach, das 1869 Stadtrecht erhielt, zählt rund 6700 Einwohner.

Seit 1984 führt die **Alpirsbacher Glasbläserei** die Schwarzwälder Tradition dieses Handwerks fort. Horst Giesa formt Gläser und Vasen und auch Kunstwerke in stimmungsvollen Formen mit einer weiten Farbpalette. Besucher schauen ihm bei der Arbeit zu, während er von seinem Kunsthandwerk erzählt. *Krähenbadstraße 3, geöffnet Montag bis Freitag 10–18 Uhr, Samstag 10–16 Uhr, Sonn- und Feiertage (ab Ostern) 14–17 Uhr, Kinderwagen / Rollstuhl: Ja*

In der Stadtmitte liegt direkt neben der ehemaligen Klosteranlage das **Museum für Stadtgeschichte.** Es behandelt Themen aus Handwerk, Waldgewerbe, Flößerei, Schulgeschichte, Feuerwehr und Wasserversorgung. *Geöffnet April bis Oktober Donnerstag, Samstag, Sonn- und Feiertag 14–17.30 Uhr, Kinderwagen / Rollstuhl: Nein*

Im Stadtteil Reutin wurden 2007 die »Ersten Kettensägenkunsttage Oberes Kinzigtal« veranstaltet. Seither säumen **hölzerne Kunstwerke** wie Schwan, Reiher, Wildschwein, Delphin, Seepferdchen, Katze, Eule und Krokodil den Skulpturenpfad durchs Dorf. *Frei zugänglich, Kinderwagen / Rollstuhl: Ja*

Der **Alpirsbacher Wasserpfad** im Stadtteil Reinerzau führt zum einzigen Trinkwasserstausee Baden-Württembergs. Auf 34 Schautafeln wird das Thema Wasser behandelt. *Frei zugänglich, Kinderwagen / Rollstuhl: Nein*

Auskunft: *Stadt-Information, Krähenbadstraße 2, 72275 Alpirsbach, Telefon (0 74 44) 9 51 62 81, www.stadt-alpirsbach.de*

Singende Nachtwächter

Das an den Westhängen des Kaiserstuhl liegende Weinstädtchen Burkheim wird schon 762 schriftlich genannt. Im Dreißigjährigen Krieg wurde es zerstört. Dennoch vermittelt der noch heute von der historischen Stadtmauer umschlossene Ortskern mit den Häusern der Bauern, Handwerker und Fischer einen Hauch von Mittelalter.

»Dia Glock het zehni gschlaga / han Sorg zuo Fir und Leacht / dass us Gott un Maria b'hiet / jetzt stand ich uff dr Wacht / Gott gib uns alla a guati Nacht.« Das ist auf gut Alemannisch einer der Verse, die zu nächtlicher Stunde durch Burkheim hallen. Seit 2001 gehen wieder **Nachtwächter** ihre Runde, singen ihr Stundenlied und erzählen aus alter Zeit. Besucher begleiten sie. Ein Stück Mittelalter in dieser Zeit. *Ostersonntag bis Ende Oktober Sonntag und Mittwoch 22 Uhr am »Torhäusle«, Kinderwagen / Rollstuhl: Nein*

Wie einige andere Orte im »Naturgarten Kaiserstuhl« bietet auch Burkheim ein **Gebäudememory** an. Tafeln am Ortseingang zeigen Farbfotos von Teilen historischer Bauten. Sie müssen im Ort gefunden werden. Da sich die Bilder nicht mitnehmen lassen, greift der Spieler zur Digitalkamera, fotografiert die Ausschnitte und hat mit dieser Suchhilfe auf dem Kamerabildschirm leichtes Spiel. *Frei zugänglich, Kinderwagen / Rollstuhl: Nein*

Reste einer **Burg** überragen den Ort. Die Anlage – 1231 erstmals genannt – wurde 1525 im Bauernkrieg niedergebrannt. Lazarus von Schwendi baute sie 1561 wieder auf. Von französischen Truppen wurde sie 1672 erneut zerstört. Die Ruine ist zwar gesichert, kann aber nur von fern betrachtet werden. *Geöffnet zu Veranstaltungen im Schlosssaal*

Auskunft: *Burkheim Touristik, Am Weinberg 3a, 79235 Vogtsburg-Burkheim, Telefon (0 76 62) 9 49 99 61, www.burkheim-touristik.de*

Puzzeln im Internet

Im Jahr 786 nennt eine Schenkungsurkunde ans Kloster St. Gallen erstmals die heute 6000 Einwohner zählende Gemeinde Dunningen. Der Ort lag lange auf dem Gebiet der Freien Reichsstadt Rottweil, ehe er 1803 ans Kurfürstentum Württemberg fiel. Dunningen nennt sich Energiegemeinde, weil es sich seit Jahren im Klimaschutz einsetzt.

Das **Museum im Rathaus** illustriert die Frühgeschichte des Orts wie auch seine Wirtschaftsgeschichte im 19. Jahrhundert. Gezeigt werden auch Narrenkleider und Trachten sowie Geräte zur Strohflechterei aus der Zeit der Dunninger Strohhutfabrik. Gewürdigt werden zudem drei gebürtige Dunninger: Der Bildhauer Landolin Ohnmacht (1760–1834), der ehemalige Innenminister des Landes Baden Emil Maier (1876–1932) und Jacob Mayer (1813–1875), der als Erfinder des Stahlformgusses gilt und in Bochum ein Werk mit 4500 Arbeitern aufbaute. *Geöffnet erster Sonntag im Monat 14–17 Uhr, Kinderwagen / Rollstuhl: Nein*

Dunningen führt, wie es auf seiner Internetseite dargestellt wird, schon seine Kleinsten an das Thema Energie heran. Die örtlichen Kindergärten veranstalten Projekte, die Kinder spielerisch mit der Umwelt und ihrer Gefährdung vertraut

machen sollen. Der Kindergarten im Ortsteil Lackendorf hat ein Malbuch zum Thema Energie entwickelt, der Kindergarten in Seedorf ein Bastelbuch mit der Sonne im Mittelpunkt. Auf der **Energiespielwiese** der Dunninger Internetseite kann jeder selbst schon mal zu Hause versuchen, ein Puzzle zusammenzubauen, ein Memory zu legen und ein Bild auszumalen. *Frei zugänglich, Kinderwagen / Rollstuhl: Ja, www.dunningen.de, Energie-Spielwiese*

Auskunft: *Rathaus Dunningen, Hauptstraße 25, 78655 Dunningen, Telefon (0 74 03) 92 95-0, www.dunningen.de*

Skulpturenpark

Seit dem späten 12. Jahrhundert wird in Durbach Wein kultiviert. Der Winzergenossenschaft gehören rund 80 Vollerwerbslandwirte und 200 Nebenerwerbswinzer an. Durbachs Wahrzeichen ist das hoch über dem Ort thronende Schloss Staufenberg im Privatbesitz des Markgrafen von Baden.

Der 1,5 Kilometer lange **Weinpfad** am Steinberg vermittelt eine kleine Rebkunde. Die Schautafeln berichten vom Winzerdorf und seinen Weingütern, von der Winzergenossenschaft, der örtlichen Flurneuordnung und vom umweltschonenden Weinbau. *Frei zugänglich, Kinderwagen / Rollstuhl: Ja, Start: Unterspring*

Im Wiesengelände vor dem Eingang der Staufenbergklinik liegt in einem ruhigen Landschaftsschutzgebiet ein wundervoller **Skulpturenpark.** Er zählt mehr als 70 überwiegend aus weißem Carrara-Marmor und rotem Sandstein gehauene Kunstwerke, ergänzt um Holzskulpturen und Arbeiten in Metall. *Frei zugänglich, Kinderwagen / Rollstuhl: Ja, Parkführer bei der Tourist-Information*

Im 11. Jahrhundert bauten die Herzöge von Zähringen ihr **Schloss Staufenberg** auf den 383 Meter hohen Bergkegel bei Durbach. Nach dem Erlöschen des Geschlechts 1218 wechselte das Schloss mehrfach den Besitzer, erlitt im Dreißigjährigen Krieg erhebliche Schäden und wurde im Pfälzischen Erbfolgekrieg geplündert. Schließlich kaufte es der Markgraf von Baden. Die Schlossterrasse bietet einen guten Blick auf Schwarzwald, Oberrheinebene und bei passendem Wetter auch zum Straßburger Münster. Zum Schloss gehören ein Weingut und eine Gaststätte. *Terrasse frei zugänglich, Kinderwagen / Rollstuhl: Ja, Telefon (Weinstube) (07 81) 9 66 41 65*

Auskunft: *Tourist-Information Durbach, Tal 36, 77770 Durbach, Telefon (07 81) 4 21 53, www.durbach-info.de*

Blick von der Eichelspitze

Wie die Wortendung »stetten« bereits andeutet, ist die Gemeinde Eichstetten am Kaiserstuhl eine alemannische Gründung. Zur Gemarkung des Wein- und Gemüsedorfs gehören 370 Hektar Reblandschaft und die Eichelspitze, mit 520 Metern zweithöchster Gipfel am Kaiserstuhl.

Der **Eichelspitzturm** misst 42,5 Meter mit einer Plattform bei 28 Metern. 15 Zwischenpodeste führen 143 Stufen hinauf. Belohnt wird dieser Aufstieg mit einem Blick über den gesamten Kaiserstuhl, die Breisgauer Bucht, den Schwarzwald und die Vogesen. Am Fuß des Turms wurde der durch Geo-Radarmessung ermittelte Grundriss der Einsiedelei »Bruderhäusle« aus dem 14. Jahrhundert nachgebildet. *Frei zugänglich, Kinderwagen / Rollstuhl: Nein, 1 km zu Fuß vom Parkplatz »Fohrenbuck«*

Eichstettens **Dorfmuseum** steht an historischem Platz. Fürs Jahr 1341 ist dort in Urkunden eine Kirche erwähnt, später eine Jakobskapel-

le, die im Dreißigjährigen Krieg zerstört wurde. Der noch vorhandene Schlussstein mit der Jakobsmuschel weist sie als Station am Jakobsweg aus. Das heutige Gebäude wurde 1765 als Schulhaus errichtet und blieb es bis Mitte des 20. Jahrhunderts. Das Museum zeigt in jährlich wechselnden Ausstellungen Funde aus Stein- und Bronzezeit, aus einem alemannischen Gräberfeld und aus der Dorfgeschichte. *Altweg 93, geöffnet Sonntag, 14–18.00 Uhr, Juni, Juli und August bis 19 Uhr, Mai bis Oktober auch Mittwoch 16–18 Uhr, Kinderwagen / Rollstuhl: Nein*

Auf gut 4000 Quadratmetern werden im **Eichstetter Samengarten** mehr als 200 seltene, fast vergessene alte Kulturpflanzen angebaut, darunter Gemüse, Kräuter, Wildblumen, Getreide und vieles mehr. Allein 40 Tomaten- und 30 Paprikasorten werden im Schaugarten gepflegt. Sie stehen für die Vielfalt der Kulturpflanzen. *Frei zugänglich, Kinderwagen / Rollstuhl: Ja*

Auskunft: *Gemeinde Eichstetten, Hauptstraße 43, 79356 Eichstetten, Telefon (0 76 63) 93 23 13, www.winzerdorf.de*

In luftiger Höhe

Die gut 26 000 Einwohner große Kreisstadt Emmendingen wird im Jahr 1091 erstmals urkundlich genannt. Der Marktflecken wurde 1584 Residenz der Markgrafschaft Baden-Hachberg, erhielt 1590 Stadtrecht und wurde im Dreißigjährigen Krieg fast vollständig zerstört. Von rund achthundert Einwohnern lebten noch gut einhundert.

Die 1127 erstmals schriftlich genannte **Hochburg** ist – nach Schloss Heidelberg – die größte Ruine Badens. Im Bauernkrieg belagerten aufständische Emmendinger die Burg vergeblich. Der Dreißigjährige Krieg schlug schwere Schäden. Die Burg wurde wieder aufgebaut. Ihr Ende bewirkte der Pfälzische Erbfolgekrieg mit Sprengung und Brand. *Frei zugänglich, Kinderwagen / Rollstuhl: Ja, Telefon (0 76 41) 4 52-0, www.hochburg.de*

Im **Deutschen Tagebucharchiv** werden Tagebücher, Lebenserinnerungen und auch private Schriftwechsel gesammelt. Jeder kann dem Archiv autobiographische Schriften übergeben. Die Lebenszeugnisse werden wissenschaftlich, aber auch von Privatleuten ausgewertet und geben einen Einblick in die Alltagsgeschichte. *Marktplatz 1, geöffnet Montag–Freitag 10–12 Uhr, Dienstag und Mittwoch auch 15–17 Uhr, Telefon (0 76 41) 57 46 59, Kinderwagen / Rollstuhl: Nein, www.tagebucharchiv.de*

Auf dem 369 Meter hohen Eichberg steht am geografischen Mittelpunkt des Landkreises Emmendingen der höchste Aussichtsturm Deutschlands. Seine Kanzel sitzt in 43,20 Metern Höhe und überragt damit den umgebenden 33 Meter hohen Eichenwald erheblich. Zur Plattform des **Eichbergturms** führen 240 Wendeltreppenstufen. *Frei zugänglich, Kinderwagen / Rollstuhl: Nein*

Auskunft: *Tourist-Information Emmendingen, Bahnhofstraße 8, 79312 Emmendingen, Telefon (0 76 41) 1 94 33, www.emmendingen.de*

Von Hexen und altem Handwerk

Der Kaiserstühler Weinort Endingen mit rund 9000 Einwohnern wird im Jahr 862 erstmals urkundlich genannt. Stadtrecht erhielt der Ort um 1290. Ein paar Jahre lang war Endingen im 15. Jahrhundert sogar Freie Reichsstadt. Im April 1751 wurde in einem der letzten Hexenprozesse Europas Anna Schnidenwind auf dem Scheiterhaufen verbrannt.

Das im Alten Rathaus eingerichtete **Kaiserstühler Heimatmuseum** stellt Gerätschaften nicht mehr ausgeübter Handwerksberufe, Zunftzeichen, Glocken, Grenzsteine und als kostbarsten Schatz Wappenscheiben aus dem frühen 16. Jahrhundert aus. Der Gewölbekeller enthält altes Küferwerkzeug. Zwei Stuben sind den Bewohnern der Region gewidmet, die Mitte des 19. Jahrhunderts nach Venezuela auswanderten. *Geöffnet dritter Sonntag im Monat 15–18 Uhr, Kinderwagen / Rollstuhl: Nein*

Der **Erleweiher** am Endinger Ortsrand ist ein idyllisch gelegener Badesee mit Liegewiese, Nichtschwimmerbecken und Umkleidekabinen. WC und Außenkaltdusche befinden sich zwischen Beachvolleyballfeld, Schützenheim und Sportplatz. *Frei zugänglich, Kinderwagen / Rollstuhl: Ja*

Im Ortsteil Königsschaffhausen berichtet ein gut zwei Kilometer langer **Wanderpfad** vom Obstbau am Kaiserstuhl. Der knapp vier Kilometer lange **Kräuterpfad** von Amoltern lehrt auf 17 Schautafeln Geschichte und Heilwirkung von Pflanzen an Wegrainen und Böschungen. Beide Pfade führen durch stille Reblandschaften mit schönen, weiten Ausblicken in die Rheinebene und auf Schwarzwaldhöhen. *Frei zugänglich, Kinderwagen / Rollstuhl: Ja, Start Kräuterpfad: Friedhof Amoltern, Start Obstpfad: Gausbergstraße Königsschaffhausen*

Auskunft: *Kaiserstühler Verkehrsbüro, Adelshof 20, 79346 Endingen, Telefon (0 76 42) 68 99 90, www.endingen.de*

Tragik im Prinzengarten

Ettenheim, das gut 12 000 Einwohner zählt, wird im 9. Jahrhundert in Urkunden des Klosters St. Gallen genannt. Der Ort war jahrhundertelang rechtsrheinisches Zentrum des Bistums Straßburg. Daran erinnern zahlreiche architektonische Zeugnisse im Stadtbild. Vermutlich um 730 wurde im Stadtteil Ettenheimmünster ein Kloster gegründet.

Der französische Kardinal Louis René Edouard von Rohan-Guémené war in die »Halsband-Affäre« verstrickt, die ganz Frankreich er-

schütterte und mit zum Ausbruch der Französischen Revolution von 1789 beitrug. Infolge dieser Ereignisse verlegte der Kardinal seinen Bischofssitz von Straßburg nach Ettenheim. Dort führt er nun als Ich-Erzähler in einer Broschüre durch Ettenheims **Altstadtgassen**. *Frei zugänglich, Kinderwagen / Rollstuhl: Ja, Broschüre in Geschäften*

Vor dem südlichen Stadttor liegt der **Prinzengarten** des Barons von Ichtratzheim. Der Barockgarten bildet eine Oase der Ruhe. Kein Wunder, dass sich hier an der Wende zum 19. Jahrhundert ein im Exil lebender französischer Prinz mit Charlotte Rohan-Rochefort, einer Nichte des Kardinals Rohan-Guémené, zum Tête-à-Tête traf. *Frei zugänglich, Kinderwagen / Rollstuhl: Ja*

Im frühen 17. Jahrhundert wurde in Ettenheimmünster mit dem Neubau der Klosteranlage die **Wallfahrtskirche St. Landelin** errichtet. Die Silbermann-Orgel von 1769 und das Emporengitter zeigen ausgezeichnete Schnitzarbeiten. Westlich vor der Kirche steht die 1672 erbaute Landelinkapelle. Ihr Brunnen wird aus fünf angeblich wundertätigen Quellen gespeist. *Frei zugänglich, Kinderwagen / Rollstuhl: Ja*

Auf dem 282 Meter hohen Heuberg bietet der vom Schwarzwaldverein aufgerichtete **Aussichtsturm** einen schönen Rundblick in die Oberrheinebene, zum Schwarzwald und in die Vogesen. Am Fuß des Turms liegen die »Gaststätte Heubergturm« und ein Weinlehrpfad mit Rebsortengarten. *Frei zugänglich, Kinderwagen / Rollstuhl: Nein*

Auskunft: *Tourist-Info, Rohanstraße 16, 77955 Ettenheim, Telefon (0 78 22) 43 22 10, www.ettenheim.de*

Streit um die Donauquelle

Die rund 9400 Einwohner zählende Stadt Furtwangen wird 1179 in einer Urkunde genannt. Darin wird dem Kloster St. Georgen der Besitz des Dorfs und seiner Kirche. Von 1892 bis 1972 war Furtwangen über die Bregtalbahn mit Donaueschingen verbunden. Die 1850 gegründete Uhrmacherschule ist der Vorläufer der Hochschule Furtwangen.

Sechs Kilometer nordwestlich Furtwangens liegt in einer Höhe von 1078 Metern die Quelle der Breg. Für Furtwangen ist sie zugleich die Donauquelle. Seit langem schwelt deshalb ein Streit zwischen Donaueschingen und Furtwangen. Denn Donaueschingen beansprucht die Donauquelle für sich. Tatsächlich entspringt in seinem Schlosspark ein Bach namens Donau. Furtwangen sieht sich im Recht, weil auf seiner Gemarkung der längste Quellfluss und deshalb auch schon die Donau beginne. Die Wegweiser um Furtwangen führen jedenfalls zur **Donau-Quelle.**

Entschieden ist der Streit nicht. Allerdings hat das Innenministerium Baden-Württemberg 1981 bestimmt, dass in amtlichen Reisekarten die Bregquelle nicht mehr als Donauquelle eingetragen werde. *Frei zugänglich, Kinderwagen / Rollstuhl: Ja*

Zum Kolmenhof an der Bregquelle gehört die **Martinskapelle.** Das kräftige Mauerwerk des schlichten kleinen Saalbaus lässt auf ein Entstehen im 11. oder 12. Jahrhundert schließen. Die im einfachen bäuerlichen Stil gefertigte Skulptur einer Pietà stammt aus dem 17. Jahrhundert. *Frei zugänglich, Kinderwagen / Rollstuhl: Ja*

Zwei Kilometer südlich der Bregquelle steht auf dem Berg Brend in 1150 Metern Höhe der **Brendturm.** Er ist 17 Meter hoch und im unteren Teil über eine äußere Wendeltreppe zu ersteigen. Vom Rundgang führt eine Treppe ins Innere des Turms und auf die Aussichtsplattform. Der Blick reicht über den Mittleren Schwarzwald in die Rheinebene und zu den Vogesen. *Frei zugänglich, Kinderwagen / Rollstuhl: Nein*

Auskunft: *Tourist-Information, Lindenstraße 1, 78120 Furtwangen, Telefon (0 77 23) 9 29 50, www.dasferienland.de*

Größter Adventskalender

Gengenbach geht auf eine Klostergründung um 725 zurück. Um die Abtei entwickelte sich die Freie Reichsstadt mit Mauern, Türmen und Toren. Im Pfälzischen Erbfolgekrieg wurde sie 1689 niedergebrannt. Kein Städtchen also des Mittelalters, dennoch eins der winkligen Gassen, stillen Höfe und romantischen Ecken.

Im schwarzen Umhang, mit Laterne und Hellebarde gehen die Männer ihre Runden. Zwölf Stationen suchen sie während der **Nachtwächterführung** auf, singen ihren Stundenruf »Hört, ihr Herrn ...« Besucher Gengenbachs schließen sich dem einstündigen Rundgang an. Die Wächter der Nacht plaudern unterwegs von früher. *Frei zugänglich, Kinderwagen / Rollstuhl: Ja, Mai bis Juli Mittwoch, Samstag 22 Uhr, August bis Oktober Mittwoch 21 Uhr, Start am Marktplatz*

Jedes Jahr im Dezember verwandelt Gengenbach sein Rathaus in den **größten Adventskalender der Welt.** Die 22 Fenster der Fassade und zwei Dachgauben zeigen dann Werke bedeutender Künstler wie Marc Chagall, Tomi Ungerer oder Otmar Alt. In den Jahren 2009 bis 2011 kommen der »Räuber Hotzenplotz« und »Jim Knopf« zum Zug. *Frei zugänglich, Kinderwagen / Rollstuhl: Ja, Fenster täglich 18.00 Uhr offen*

Auf den Spuren des Ritters läuft ein Rundgang durch die Altstadt. Die 1,7 Kilometer lange Tour mit 130 ins Kopfsteinpflaster eingelassenen Bronzetafeln beginnt am Rathaus. Es genügt, dem Pfeil neben dem Ritterkopf zu folgen. Das bärtige Gesicht mit Helm ist der 500 Jahre alten Sandsteinfigur »der Schwed« auf dem »Röhrbrunnen« am Markt nachempfunden. *Frei zugänglich, Kinderwagen / Rollstuhl: Ja, Broschüre bei Tourismus GmbH*

Auskunft: *Kultur- und Tourismus GmbH, Im Winzerhof, 77723 Gengenbach, Telefon (0 78 03) 93 01 43, www.gengenbach.info*

Mit Bären kuscheln

Der Schopfheimer Stadtteil und staatlich anerkannte Erholungsort Gersbach zählt 700 Einwohner. Schriftlich genannt wird er erstmals 1166 in einer Urkunde des Bistums Konstanz. Gersbach sieht sich als »Golddorf«, weil es mehrfach für seine Projekte zur Sicherung der dörflichen Infrastruktur ausgezeichnet wurde.

Im 18. Jahrhundert wurden im südlichen Schwarzwald zum Schutz gegen französische Überfälle Verteidigungswerke angelegt. Diese **Schanzen** bestanden meist aus einem tiefen Graben mit aufgeworfenem Erdwall. Ein 10 Kilometer langer Rundweg verbindet 7 dieser historischen Anlagen. Im Oktober 2008 wurde der Nachbau einer solchen Schanze mit einem Durchmesser von 60 und einer Wallhöhe von 7 Metern eröffnet. *Frei zugänglich, Kinderwagen / Rollstuhl: Ja, Begleitheft bei der Ortsverwaltung*

Mehr als 600 Jahre lang wurde in Gersbach Glas hergestellt. Acht ehemalige Glashüttenstandorte sind in der Gegend bekannt. Unterhalb des Rathauses hat die Gemeinde ihr **Wald-Glas-Zentrum** eingerichtet. Es eröffnet Einblicke in die Geschichte der Glashütten und des Köhlerhandwerks. *Schlüssel im Laden nebenan, Kinderwagen /Rollstuhl: Ja, Faltblatt bei der Ortsverwaltung*

In der Rauschbachstraße liegt das **Bärenmuseum.** In dem gut 300 Jahre alten Bauernhaus hat Carola Sutter mehr als 500 große und kleine, schlichte und kostbare Bären und Teddys versammelt. Sie halten das Sofa besetzt, ruhen in Kinder- und Puppenwagen oder in Regalen. *Kinderwagen /Rollstuhl: ja, Anmeldung erforderlich, Telefon (0 76 20) 2 85*

Auskunft: *Ortsverwaltung Gersbach, Wehratalstraße 10, 79650 Gersbach, Telefon (0 76 20) 2 27, www.gersbach.info*

Hornberger Schießen

Hornberg war immer Zwischenhalt. Den Römern und den Frankenherrschern diente der Ort im Reichenbach- und Gutachtal als Station an der Fernstraße Konstanz–Straßburg. Im 15. Jahrhundert erwarb das Herzogtum Württemberg den Ort und nutzte ihn als Stützpunkt zwischen seinen Besitzungen in Schwaben und im Elsass.

Von der **Burg** stehen noch der 30 Meter hohe Bergfried und der Pulverturm. Sprichwörtlich ist das »Hornberger Schießen«. Die Bürger wollten ihren Herzog mit Böllerschüssen begrüßen. Als der Herr eintraf, war das Pulver jedoch verbraucht. Die Böller schwiegen, weil zuvor mehrfach irrtümlich für eine heranrollende Postkutsche oder auch für eine staubaufwirbelnde Viehherde geböllert worden war. *Frei zugänglich, Kinderwagen / Rollstuhl: Nein*

Das »Guinness Buch der Rekorde« führt im Hornberger Ortsteil Niederwasser die breiteste **Kuckucksuhr** der Welt. Zur halben und vollen Stunde ruft der Kuckuck aus dem Bauwerk. Zugleich setzen sich 21 Figuren in Bewegung – im Kreis laufende Musikanten, jubelnde Stammtischbrüder, tanzende Trachtenpaare, auf dem Kamin ein Schornsteinfeger, unten im Gras zwei fröhlich hüpfende Rehe. *Frei zugänglich, Kinderwagen / Rollstuhl: Ja*

Das **Stadtmuseum** gewährt Einblick in Hornbergs Geschichte. Ein Raum gilt dem einst blühenden Handwerk der Holzschnitzkunst, ein anderer dem Hornberger Steingutgeschirr. Auch bäuerliches Leben und Brauchtum werden gezeigt, dazu im Keller eine Schnapsbrennerei. Der »Geschichtsbrunnen« auf dem Kirchplatz erzählt von zwölf Ereignissen aus 900 Jahren Hornberger Geschichte. *Geöffnet erster Sonntag im Monat 14–17 Uhr*

Auskunft: *Tourist-Information Hornberg, Bahnhofstraße 3, 78132 Hornberg, Telefon (0 78 33) 7 93-44, www.hornberg.de*

Spieleland am Wasserband

Kehl war 2004 Austragungsort einer besonderen Landesgartenschau: Der »Garten der zwei Ufer« erstreckte sich bis auf das französische Rheinufer. Noch heute zeugt das Brückenbauwerk »Passerelle des deux Rives«, das Kehl und Straßburg verbindet, von der länderübergreifenden Ausstellung.

Ein großzügig ausgestaltetes **Freizeitgelände** ist von der Gartenschau geblieben – auf französischer Seite 34, auf deutscher 22 Hektar groß, getrennt vom 235 Meter breiten Rhein und verknüpft über den 387 Meter langen Rad- und Fußwegsteg »Passerelle«. Kehl besitzt seither eine schöne Rheinpromenade. Am Übergang zum Rheinauenwald liegt ein **Naturerlebnispfad.** Interaktiv macht er Erwachsene und Kinder mit Lebensräumen, Tieren und Pflanzen der Rheinauen vertraut. Die Straßburger Parkseite wird geprägt von einer 250 Meter langen »Wasserwand«. Auf ihrer Krone verläuft ein Spazierweg. Kunstwerke, Spielflächen und Themengärten bereichern die Anlage. *Frei zugänglich, Kinderwagen / Rollstuhl: Ja*

Am südlichen Kehler Altrhein steht der gut 44 Meter hohe **Weißtannenturm.** Drei Baumstämme, ein gleichseitiges Dreieck bildend, tragen die 70 Tonnen schwere Konstruktion. Von den Aussichtsplattformen in 30 und 35 Metern Höhe eröffnen sich großartige Ausblicke auf den Schwarzwald und in die Vogesen. Vom Fuß des Turms zieht sich ein »Wasserband« zum Rhein hinüber als Spiellandschaft mit Kletter- und Balanciergeräten, mit Schaukeln, Baumhäusern, Skateanlage, Beachvolleyball und Picknickplätzen. *Frei zugänglich, Kinderwagen / Rollstuhl: Ja*

Auskunft: *Tourist-Information, Hauptstraße 63 (Marktplatz), 77694 Kehl, Telefon (0 78 51) 88 15 55, www.kehl.de*

Kunst im Bürgerpark

Kenzingen wird 772 erstmals in einer Urkunde des Klosters Lorsch genannt. Im Jahr 1249 verleiht ihm Ortsherr Rudolf von Üsenberg Stadtrecht. Mit dem Erlöschen der Üsenberger fällt die Stadt an die Markgrafen von Hachberg, bald darauf an Vorderösterreich. Dort bleibt sie bis 1806, als sie ans Großherzogtum Baden übergeht.

Der **Geschichtsweg** führt durch die unter Denkmalschutz stehende Altstadt. Er erschließt die Sehenswürdigkeiten der Stadt und ihre bedeutendsten Bauwerke. Tafeln erläutern Vergangenheit und Traditionen der Stadt. Die Kenzinger Agenda 21 hat alle Kleindenkmäler im Ort dokumentiert. *Frei zugänglich, Kinderwagen / Rollstuhl: Ja*

Die schwäbisch-alemannische Fastnacht dauert von Dreikönig bis Aschermittwoch. Diese Zeit reicht nicht, sich mit ihren Hunderten von Figuren und Gestalten vertraut zu machen. In einem historischen Gebäude in der Altstadt zeigt die **Oberrheinische Narrenschau** das ganze Jahr hindurch mehr als 300 Narrengestalten in Häs und Holzmaske. **Bis 16 Jahre Eintritt frei,** *geöffnet Januar bis November Samstag, Sonn- und Feiertag 14–17 Uhr, Kinderwagen / Rollstuhl: Nein*

Seit 2007 lädt Kenzingen alle zwei Jahre zum einwöchigen Bildhauersymposium. Die Künstler kommen überwiegend aus Deutschland, einige aus dem benachbarten Ausland. Im **Bürgerpark Altes Grün** kann ihnen jeder bei der Arbeit zuschauen. Was hinterher mit den Kunstwerken geschieht, entscheiden die Bildhauer selbst. Manche werden verkauft, andere bleiben in Kenzingen. Im Bürgerpark und im Rathaus sind ein paar Arbeiten aufgestellt. *Frei zugänglich, Kinderwagen / Rollstuhl: Ja*

Auskunft: *Stadt Kenzingen, Hauptstraße 15, 79341 Kenzingen, Telefon (0 76 44) 9 00-1 13, www.kenzingen.de*

12 000 qm Natursportpark

Im Jahr 1806 gründete die »Herrnhuter Brüdergemeinde« auf dem 150 Hektar großen Hörnlishof den Ort Königsfeld. Seit 1949 ist er »Heilklimatischer Kurort«, seit 1976 »Kneippkurort«. Der Theologe, Philosoph und »Urwalddoktor« Albert Schweitzer baute sich 1923 ein Haus am Ort. Später schrieb er: »Die Zeit in Königsfeld war die schönste meines Lebens.«

Neben dem (kostenpflichtigen) Freibad wurde 2009 der **NaturSport-Park** eröffnet. Auf 12 000 Quadratmetern hält er allen Altersgruppen vielfältiges Spiel- und Sportgerät bereit. Die Mitte bildet eine große Spielwiese mit Wippe, Schaukeln und Schutzhütten. Drum herum liegen Grillstellen. Der asphaltierte Westteil ist Inline-, Skate-, Streethockey- und Streetballplatz. Am Ostrand stehen eine Kletterwand, eine Seilkletterspinne und jede Menge zu einem Riesenmikado verkeilte Holzstämme. *Frei zugänglich, Kinderwagen / Rollstuhl: Ja*

Im **Doniswald** lag vor 160 Jahren Königsfelds erster Kurpark. Seit jeher machen sich dort Eichhörnchen vertraulich an Spaziergänger heran und hoffen auf Nüsse. Mit leisem Rufen lassen sie sich vielleicht anlocken. Wenn sie da sind, einfach stehen oder sitzen bleiben. Wer sich bewegt, verjagt die Tiere. Im Wald liegt eine Kneippanlage. Schautafeln erklären Tier- und Pflanzenwelt

rundum. *Frei zugänglich, Kinderwagen / Rollstuhl: Ja*

Auf dem ehemaligen Friedhof im Ortsteil Buchenberg steht seit dem frühen 11. Jahrhundert das **St.-Nikolaus-Kirchlein.** Erstmals urkundlich genannt wird es 1275. Es ist das einzige Bauwerk Buchenbergs, das im Dreißigjährigen Krieg nicht zerstört wurde. Die Wandmalereien im Inneren wurden Mitte des 15. Jahrhunderts angebracht. Die Kirchenbänke sind wohl noch älter. Zwei Scheibenkreuze über dem vermauerten Westportal stammen aus der Erbauungszeit. *Schlüssel im Rathaus Buchenberg*

Auskunft: *Tourist-Info Königsfeld, Rathausstraße 2, 78126 Königsfeld, Telefon (0 77 25) 80 09-45, www.koenigsfeld.de*

Abenteuerliche Pirsch

Lahr, inmitten der Rheinebene gelegen, könnte auch als Blumenstadt bezeichnet werden. Denn ob Tulpen im Frühling, Rosen im Juni oder Chrysanthemen im Herbst – das ganze Jahr über blüht und grünt es in der Stadt, die vermutlich im frühen 13. Jahrhundert in Anlehnung an eine Burg der Herren von Geroldseck entstand.

Nur der **Storchenturm,** Wahrzeichen Lahrs, hat alle Zerstörungen der Burg überstanden. Noch im 19. Jahrhundert diente er als Stadtgefängnis. Stark ausgetretene Steinstufen führen nach oben. Schautafeln berichten vom Adelsgeschlecht der Geroldsecker, von der Geschichte der Burg und von der Entwicklung Lahrs. Vom Turm reicht der Blick in die Rheinebene und zu den Höhen des Schwarzwalds. *Geöffnet Juni bis September Mittwoch, Samstag, Sonn- und Feiertage 17–19 Uhr, Kinderwagen / Rollstuhl: Nein*

Am und im Sulzbach erleben Kinder das fließende Wasser als Lebensraum und Lebensquelle. Der abenteuerliche **Wasserpfad** läuft an seltenen Pflanzen und Tieren vorüber. Mit Hilfe interaktiver Objekte wird die Fauna des Sulzbachs erschlossen. An fünf Arbeitsplätzen werden Fakten zur Wasseraufbereitung geliefert. Über Stege und durch Furten geht's zur Rennweghütte als Endpunkt des Pfads. *Geöffnet Mai bis September, Kinderwagen / Rollstuhl: Nein*

Von April bis September veranstaltet Lahr Führungen durch **den mittelalterlichen Stadtkern** und den an Erzählungen reichen **Stadtpark.** Der Weg führt an prachtvollen Bürgerhäusern entlang, sucht auch den Storchenturm auf und wirft tiefe Blicke in vergangene Epochen. Zusätzlich werden (kostenpflichtige) Stadtführungen zu unterschiedlichen Themen angeboten. *Kostenlose Führung (1 Stunde) jeden Donnerstag (außer Feiertag) um 18.30 Uhr am Bürgerbüro, Rathausplatz 4, Kinderwagen / Rollstuhl: Ja, Faltblätter zu den Führungen im KulTourBüro*

Auskunft: *KulTourBüro Lahr, Kaiserstraße 1, 77933 Lahr, Telefon (0 78 21) 95 02 10, www.lahr.de*

Schöne Aussichten

Oberharmersbach wird schon 1139 urkundlich genannt. Mit Unterharmersbach bildete es das »Freie Reichstal Harmersbach«, war im Heiligen Römischen Reich Deutscher Nation den Freien Reichsstädten gleichrangig und direkt dem Kaiser unterstellt.

Am Hang der »Katzenhalde« oberhalb des Harmersbachs führt »Hademar Waldwichtel« über den zwei Kilometer langen **Naturerlebnispfad.** An 16 Stationen werden Natur und Technik erklärt. Sogar eine Fotovoltaik-Station steht im Wald und wird erläutert. Der dort erzeugte elektrische Strom lässt an der folgenden Station Vogelstimmen erklingen. Ebenfalls an der »Katzenhalde« verläuft der 900 Meter lange **»Franziskusweg«** mit zehn Stationen. *Frei zugänglich, Kinderwagen / Rollstuhl: Nein, Start an der Tourist-Information*

Mit seinen 945 Metern ist der **Brandenkopf** eine der höchsten Erhebungen im Mittleren Schwarzwald. Sein 30 Meter hoher steinerner Aussichtsturm gewährt eine ausgezeichnete Panoramasicht über die Rheinebene, zu den Vogesen, über den Schwarzwald, zur Schwäbischen Alb und gelegentlich in die Schweizer Alpen. Am Fuß des Turms liegt eine Gaststätte mit Wanderheim. *Frei zugänglich, Kinderwagen / Rollstuhl: Nein, www.brandenkopf.net, Telefon (0 78 31) 61 49*

Der **Historische Ortsrundgang** zwischen dem Jedensbachhof nah dem

Ortszentrum und dem weit draußen liegenden Ortsteil Zuwald führt ein Stück weit in Oberharmersbachs Lokalgeschichte. Auf 15 Stationen berichten Schautafeln über historische Gebäude und öffentliche Einrichtungen, darunter die neuromanische Pfarrkirche von 1846, der kleine Kurpark und die Gefallenengedenkstätte Lourdesgrotte. *Frei zugänglich, Kinderwagen / Rollstuhl: Nein, Faltblatt in der Tourist-Information*

Auskunft: *Tourist-Information Oberharmersbach, Dorf 60, 77784 Oberharmersbach, Telefon (0 78 37) 2 77, www.oberharmersbach.de*

28 Knochen sind ein Fuß

Die 11 000 Einwohner zählende Kleinstadt Rheinau wurde 1975 aus neun zuvor eigenständigen Ortschaften gebildet. Ihren Kunstnamen hat sie ihrer Lage am Rhein zu verdanken, der hier von Auen und Altrheinarmen gesäumt ist. Im Ortsteil Diersheim ist ein Gräberfeld aus dem 1. bis 3. Jahrhundert nachgewiesen.

Im Stadtteil Freistett wurde 1990 das **Heimatmuseum** eröffnet. Eine Remise für landwirtschaftliches Gerät und eine Brennerei kamen hinzu. Im Jahr 2005 wurde im ersten Obergeschoss eine Dauerausstellung zur Geschichte des Schiffsverkehrs auf dem Rhein eingerichtet. An Schiffsmodellen, Fundstücken und Schrifttafeln wird die Entwicklung vom 16. Jahrhundert bis heute behandelt. Die Schau ist die wichtigste ihrer Art zwischen Basel und Karlsruhe. *Sonntag 14–17 Uhr, Kinderwagen / Rollstuhl: Nein*

Der »Verein für Ortsgeschichte Memprechtshofen« hat 2001 den 13 Kilometer langen **Geschichts- und Naturlehrpfad** eröffnet. Er besteht aus zwei Abschnitten, die jeweils einen Rundkurs bilden und zum Ausgangspunkt zurückkehren. Die erste Route läuft durchs Dorf und hinaus in die Landwirtschaft, die zweite in die Rheinauen und zu einem Altrheinarm. *Frei zugänglich, Kinderwagen / Rollstuhl: Ja*

Die **Rundwanderkurse** enthalten einen Barfußpfad, der nicht nur den Füßen gut tut. Er lehrt auch, dass ein Fuß aus 28 Knochen mit 30 Muskeln besteht und in den Fußsohlen mehr als 72 000 Nervenenden zusammenlaufen. Der gesunde Fuß hat drei Wölbungen. Diesem ausgeklügelten Bewegungsapparat bekommt nichts besser als ein munterer Spaziergang auf nackten Sohlen. *Frei zugänglich, Kinderwagen / Rollstuhl: Nein*

Auskunft: *Stadt Rheinau, Rheinstraße 52, 77866 Rheinau, Telefon (0 78 44) 4 00-0, www.rheinau.de*

Die Narren sind los

Die Große Kreisstadt Rottweil mit 25 800 Einwohnern ist die älteste Stadt Baden-Württembergs. Im Jahr 72 n. Chr. wurde sie von den Römern als »Arae Flaviae« angelegt. Nach deren Abzug im 3. Jahrhundert stagnierte die Entwicklung. Erst 771 tritt der Ort als Königshof »Rotuvilla« wieder ins Licht der Geschichte.

Die Stadt ist bekannt für ihre jahrhundertealte Fastnacht. Zum **Rottweiler Narrensprung** strömen mehr als 4000 Narren durchs Schwarze Tor in die Stadt. Gut 20 000 Zuschauer verfolgen mit Begeisterung das närrische Geschehen. Schon fürs 15. Jahrhundert ist die Rottweiler Narretei schriftlich belegt. *Narrensprung Rosenmontag 8 Uhr, Fastnachtdienstag 8 und 14 Uhr, frei zugänglich, Kinderwagen / Rollstuhl: Ja*

Der Rundgang durchs **historische Rottweil** führt zu 27 Orten, unter ihnen das Alte Rathaus, das romanisch-gotische Münster, das Schwarze Tor, der (kostenpflichtige) Hochturm mit Aussicht auf die Schwäbische Alb, den Schwarzwald und die Dachlandschaft des Stadtkerns. Zahlreiche Brunnen werden besucht. Auch (kostenpflichtige) Museen liegen am Weg. *Frei zugänglich, Kinderwagen / Rollstuhl: Ja, Faltblatt in der Tourist-Information*

Die **Neckarburg** wurde im 8. Jahrhundert angelegt, im frühen 16. Jahrhundert zum Schloss erweitert, wenige Jahrzehnte später aufgegeben und teilweise abgetragen. Die als Ruinen erhaltenen Umfassungsmauern liegen in einem 64 Hektar großen Naturschutzgebiet mit seltenen Tier- und Pflanzenarten. *Frei zugänglich, Kinderwagen / Rollstuhl: Nein*

Auskunft: *Tourist-Information, Hauptstraße 21–23, 78628 Rottweil, Telefon (07 41) 4 94-2 80, www.rottweil.de*

Flößer, Gerber, Fachwerkhäuser

Das 1275 erstmals schriftlich genannte Schiltach wurde Mitte des 13. Jahrhunderts von den Herzögen von Teck gegründet. Mit Stadt und Burg sicherten sie ihren Besitz im Kinzigtal. Heute leben knapp 4000 Schiltacher in der »Stadt der Flößer, Gerber und Fachwerkhäuser«. Schiltach liegt an der Touristikroute »Deutsche Fachwerkstraße«.

Im »Städtle«, der fast mittelalterlich wirkenden, vollständig unter Denkmalschutz stehenden Altstadt, präsentiert das **Museum am Markt** in einem typischen Ackerbürgerhaus die Stadtgeschichte. Das **Schüttesägemuseum** an der Kinzig behandelt das Thema Holz von der Produktion über die einstige Flößerei und den Handel bis hin zur Nutzung. *Geöffnet April bis Oktober täglich 11–17 Uhr, Kinderwagen / Rollstuhl: Nein*

Alles fürs Bad liefert das Unternehmen Hansgrohe. Zugleich unterhält es das **Erlebniszentrum Aquademie,** ein Museum zur Bad- und Badegeschichte vom Mittelalter bis in die Gegenwart. Manch verrückte Idee kommt da zum Vorschein, die der Wunsch nach Reinigung mit Wasser hervorgebracht hat. Besucher werfen auch einen Blick in Deutschlands größtes Badezimmer. *Geöffnet Montag bis Freitag 7.30–18 Uhr, Samstag, Sonn- und Feiertag 10–16 Uhr, Kinderwagen / Rollstuhl: Ja, in der Saison Dienstag 12 Uhr kostenlose Stadtführung ab Aquademie, Telefon (0 78 36) 51-32 72*

Schiltach, das 1936 seinen letzten städtischen Nachtwächter in den Ruhestand geschickt hat, verfügt heute wieder über zwei dieser **nächtlichen Rundengeher**. Unterwegs sind sie allerdings nur einmal im Jahr – in der Neujahrsnacht ab halb eins. *Kinderwagen / Rollstuhl: Ja*

Auskunft: *Bürger- und Tourist-Info, Rathaus Schiltach, Marktplatz 6, 77761 Schiltach, Telefon (0 78 36) 58-50, www.schiltach.de*

Mittwochs Sterne gucken

Im heilklimatischen Kurort Schömberg mit gut 8500 Einwohnern werden Erkrankungen des Herzens, der Gefäße, des Kreislaufs, der Atemwege behandelt. Schömberg trägt als einziger Ort in Deutschland den regierungsamtlich bestätigten Titel »Glücksgemeinde«. Im Juli 2010 feierte sie ihre erste »Glückswoche«.

Im Herbst 2003 hat der Astronomische Arbeitskreis Pforzheim seine **Sternwarte** im Ortsteil Bieselsberg in Betrieb genommen. Die Warte ist ein zweigeschossiger Kuppelbau mit einem Durchmesser von 5,50 Metern. Um beste Bildqualität zu sichern, bleibt die Sternwarte ungeheizt. *Geöffnet zweiter und vierter Mittwoch im Monat, Oktober bis März 20 Uhr, April bis September 21 Uhr (bei klarem Wetter), Kinderwagen / Rollstuhl: Nein, Telefon (0 72 35) 30 45, www.aap-pforzheim.de*

Kinder zwischen sechs und zwölf können auf einem schön gelegenen Rundweg auf Schatzsuche gehen – ausgestattet mit GPS-Geräten. **Geocache** nennt sich dieser rund 4 Kilometer lange Weg durch den Zauberwald, der sich auch auf Geburtstagskinder extra zuschneiden lässt. Eine Runde dauert zweieinhalb Stunden. Unterwegs werden Fragen zum Wald und seinen Bewohnern gestellt. *Frei zugänglich, Kinderwagen / Rollstuhl: Nein, Telefon (0 70 84) 1 44 41, www.geocaching-schoemberg.de*

Im Ortsteil Bieselsberg lädt ein **Barfußpfad** zur Erkundung ein. Der 800 Meter lange Rundkurs besitzt 20 verschiedene Beläge, darunter Splitt, Mulch, Tannenzapfen, Beton, Holz oder Matsch. Der Pfad stärkt auch das Bewusstsein für seine ökologisch sensible Umgebung. *Frei zugänglich, Kinderwagen / Rollstuhl: Nein, Wegweiser Parkplatz Mahdsbrunnen*

Auskunft: *Touristik & Kur, Lindenstraße 7, 75328 Schömberg, Telefon (0 70 84) 1 44 44, www.schoemberg.de*

Diplom zum Jungförster

Schonach, das heute gut 4000 Einwohner zählt und um 1000 Meter hoch liegt, erscheint erstmals 1275 in einer Urkunde. Es kann aber angenommen werden, dass erste Siedler schon im frühen 12. Jahrhundert ihre Höfe in dem hochgelegenen Tal einrichteten. Der Luftkurort ist heute ein bedeutendes Wintersportzentrum.

Von der **Langenwaldschanze** sind schon Olympiasieger und Weltmeister gestartet. Anlauf und Aufsprung wurden 2010 nach den neuesten Normen umgebaut, so dass in Schonach nun eine der leistungsfähigsten Normalschanzen steht. Der 38 Meter hohe Sprungturm lässt sich über 210 Stufen erklimmen. *Geöffnet im Sommer Mittwoch 14–16 Uhr*

Am 2,4 Kilometer langen Schonacher **Schalensteinpfad** liegen rätselhaft geformte Felsbrocken mit Namen wie »Teufelstritt«, »Augenstein«, »Summstein« oder »Geisterstein«. Bis heute findet sich keine gültige Erklärung für das Entstehen der Schalen in den Steinen. Die übliche Beschreibung sagt nur, es handele sich bei den Schalen um »von der Natur geformte oder von Menschenhand veränderte schalenförmige Vertiefungen in Steinen«. *Frei zugänglich, Informationen bei Ulrich Gasche, Neue Bergstraße 4, Telefon (0 77 22) 61 53*

Dem Schalensteinpfad benachbart läuft der **Naturerlebnispfad** in den Wald. Auf ihm kann sich der Wanderer innerhalb von nur zwei Stunden zum Juniorförster ausbilden lassen. Der Specht Hansi Holzknecht führt auf dem Pfad und zeigt ihn aus manchmal sonderbarem Blickwinkel. Sind am Ende alle Aufgaben richtig bearbeitet, gibt es in der Tourist-Information das Jungförster-Diplom. *Frei zugänglich, Kinderwagen / Rollstuhl: Nein*

Auskunft: *Tourist-Information Schonach, Hauptstraße 6, 78136 Schonach, Telefon (0 77 22) 96 48 10, www.schonach.de*

Kunst im Park

Die 1293 erstmals urkundlich genannte Stadt Schramberg zählt knapp 22 000 Einwohner. Die Industrialisierung setzte im 19. Jahrhundert mit der Produktion von Majolika ein. Im Jahr 1861 gründete Erhard Junghans eine Uhrmacherei, die 1903 als größte Uhrenfabrik der Welt galt und noch heute am Ort produziert.

Hohenschramberg wurde 1457 als eine der letzten Burgen in Deutschland errichtet. Im Pfälzischen Erbfolgekrieg wurde sie 1689 von französischen Truppen zerstört. Starke Reste thronen auf steilem Felsvorsprung und gestatten einen guten Blick auf Schramberg und Umgebung. Schon um 1150 wurde **Burg Falkenstein** erbaut und im 15. Jahrhundert ans Haus Württemberg verkauft. Im 19. Jahrhundert erwarb Arthur Junghans die verfallene Anlage und renovierte sie. Verschlungene Pfade führen hinauf. *Frei zugänglich, Kinderwagen / Rollstuhl: Nein*

Im Stadtteil Waldmössingen liegt neben einem ehemaligen Römerkastell ein kleines **Tiergehege.** Es gehört zu einem Erlebnis- und Schulbauernhof und hält Lamas und Ziegen, Schwarzwälder Hochlandrinder, Esel, Enten und viele weitere Tiere. Direkt nebenan gibt's eine Grillstelle, Sportplätze und eine Halfpipe. *Frei zugänglich, Kinderwagen / Rollstuhl: Ja, Römerkastellmuseum: April bis Oktober, Sonntag 13.30–17.30 Uhr*

In einen **Park der Zeiten** wurde das Gelände um die Villa des Uhrenfabrikanten Erhard Junghans umgewandelt. Auf 25 000 Quadratmetern sind Spielflächen und Wasserspiele angelegt, wurden Kunstwerke und Sitzmöbel aufgestellt. Dies ist ein Park für Familien wie auch für Kunst- und Naturfreunde. *Frei zugänglich, Kinderwagen / Rollstuhl: Ja*

Auskunft: *Tourist-Information, Hauptstraße 25, 78713 Schramberg, Telefon (0 74 22) 29-2 15, www.schramberg.de*

Suche nach der Neckarquelle

Schwenningen ist Stadtbezirk der 81 000 Einwohner zählenden Kreisstadt Villingen-Schwenningen. Der Ort wird 817 urkundlich genannt. Villinger Bauern brannten 1525 Schwenningen vollständig nieder. Die erste Uhrenfabrik gründete 1858 Johannes Bürk. Mitte des 20. Jahrhunderts war Schwenningen größte Uhrenstadt der Welt.

»Da ist des Neccars Ursprung«, ließ Herzog Ludwig von Württemberg 1581 in einen Stein meißeln. Den setzte er in Schwenningen an den Hang der Möglingshöhe. Gelegentlich wurde die **Neckarquelle** neu gefasst, letztmalig zur Landesgartenschau 2010. *Frei zugänglich, Kinderwagen / Rollstuhl: Ja*

Ein 3,5 Kilometer langer Fußweg führt ums **Schwenninger Moos.** Auf einer Tafel steht: »Des Neckars Ursprung im Schwenninger Moos.« Das Quellwasser des Neckars kommt wirklich aus diesem Moor, fließt im Moosbach zur Möglingshöhe, von dort als Neckarwasser nach 367 Kilometern in den Rhein. *Frei zugänglich, Kinderwagen / Rollstuhl: Ja, Start: Eisstadion Helios-Arena*

Das **Heimat- und Uhrenmuseum** präsentiert zahlreiche Varianten der Schwarzwälder Uhrenproduktion. Es enthält das vollständige Inventar einer Uhrmacherwerkstatt. Außerdem sind historische Bauernstuben und Funde aus alemannischer Zeit ausgestellt. *Kronenstraße 16, geöffnet erster Dienstag im Monat 10–12 Uhr und 14–18 Uhr, Kinderwagen / Rollstuhl: Nein*

Im Natzental am südwestlichen Stadtrand liegen gleich hinter dem Waldkindergarten zwei **Wildgehege,** das vordere mit Rehen und Hirschen, das hintere mit Wildschweinen. *Frei zugänglich, Kinderwagen / Rollstuhl: Ja*

Auskunft: *Tourist-Info & Ticket-Service Schwenningen, Bahnhof Schwenningen, 78054 Villingen-Schwenningen, Telefon (0 77 20) 82-12 09, www.tourismus-vs.de*

Burgenabenteuer

Der rund 5000 Einwohner große staatlich anerkannte Luftkurort Seelbach im Schuttertal wird 1179 erstmals in einer Urkunde genannt. Schon 1612 beschreibt ein Straßburger Mediziner Seelbach als Badeort und lobt die heilkräftige Wirkung des Seelbacher Wassers. Die Gemeinde ist Preisträger im Landeswettbewerb »Familienferien«.

Mit dem Bau der **Burg Hohengeroldseck** über dem Schuttertal wurde vermutlich im 12. Jahrhundert begonnen. Fertiggestellt war sie Mitte des 13. Jahrhunderts. Sie wurde nie erobert und nicht zerstört, bis im Pfälzischen Erbfolgekrieg französische Truppen anrückten. Besatzung und Bewohner räumten 1689 kampflos ihre Burg, worauf der Gegner sein Zerstörungswerk begann. Erhalten sind die 14 Meter hohen Ringmauern, wenige Reste der unteren Burg und der 26 Meter hohe Palas, das »Alte Hus«, als Zentrum der einstigen Festung. *Frei zugänglich. Kinderwagen / Rollstuhl: Ja, Faltblatt bei der Tourist-Info*

Eine weitere Ruine bildet die ehemalige **Burg Lützelhardt,** die schon vor Hohengeroldseck bestand. In der zweiten Hälfte des 13. Jahrhunderts ließen die Herren von Geroldseck die Konkurrentin teilweise zerstören. Die Anlage wurde weiterhin genutzt, aber nicht mehr ausgebaut. Auf den bis zu zehn Meter hohen Felsen sitzen Reste des Bergfrieds, der Außenmauer der Hauptburg und die Zisterne. *Frei zugänglich, Kinderwagen / Rollstuhl: Nein, Faltblatt bei der Tourist-Info*

Ein nagelneuer **Naturlehrpfad** führt ins Seelbacher Litschental. Der klassische Lehrpfad informiert anschaulich über Vögel und Gewässer, über Blumen am Weg, über Bäume, Streuobst sowie die Folgen des Wintersturms Lothar 1999. *Frei zugänglich, Kinderwagen / Rollstuhl: Nein, Start: Parkplatz Litschentalstraße, Faltblatt bei der Tourist-Info*

Auskunft: *Kultur- und Tourist-Info, Hauptstraße 7, 77960 Seelbach, Telefon (0 78 23) 94 94-52, www.seelbach-online.de*

Die Quelle im Keller

Die Geschichte der Gemeinde St. Georgen im Schwarzwald beginnt mit der Weihe der Klosterkapelle am 24. Juli 1085. Die Mönchsgemeinschaft der Benediktiner entwickelte sich im 12. Jahrhundert zum Zentrum der Klosterreformen in Schwaben, Bayern, Elsass und Lothringen. Im Jahr 1633 wurde die Anlage niedergebrannt, später nicht wieder aufgebaut.

Zum 900-jährigen Jubiläum der Klostergründung installierte St. Georgen auf dem Marktplatz ein **Glockenspiel.** Vier Figuren stehen dort für die Entwicklung der Stadt. Unter Abt Theoger erlebte das Kloster seine Blütezeit. Kaiser Maximilian verlieh dem Ort Markt-, Großherzog Friedrich von Baden Stadtrechte. Der Bürger repräsentiert Handwerk und Industrie am Ort. Vom Glockenspiel führt ein kurzer Weg durch die Schulstraße zum Klosterhof. Dort sind im **Lapidarium** die steinernen Reste der abgetragenen Klostergebäude ausgestellt. *Frei zugänglich, Kinderwagen / Rollstuhl: Ja*

Südwestlich von St. Georgen entspringt im Ortsteil Brigach am Hirzbauernhof der kürzere der beiden Donauquellflüsse, die **Brigach.** Ursprünglich lag die Quelle im Keller des Bauernhofs. Vor rund 150 Jahren wurde sie nach außen verlegt und gefasst. Das Quellwasser tritt unter einem Mäuerchen von Feldsteinen aus und bildet einen kleinen See. Auf einem der Steine sind ein Hirsch, ein Hase, ein Vogel und zwischen ihnen eine Säule und ein Kopf abgebildet. Ver-

mutlich gehörte der Stein vor mehr als 2000 Jahren zu einem keltisch-römischen Heiligtum. *Frei zugänglich, Kinderwagen / Rollstuhl: Ja, Hirzbauernhof Familie Heinzmann, Telefon (0 77 24) 77 63*

Nah dem Bahnhof speist die Brigach den drei Hektar großen Klosterweiher. An seinem Ostufer liegt eine **Skateanlage** mit Halfpipe, Mini-Ramp, Pyramiden, Quarter-Pipes, FunBox, Fun-Ramp und Slide-Balken. *Frei zugänglich, Kinderwagen / Rollstuhl: Ja*

Auskunft: *Tourist Information St. Georgen, Hauptstraße 9, 78112 St. Georgen, Telefon (0 77 24) 8 71 94, www.dasferienland.de*

Größte Kuckucksuhr der Welt

Triberg, gut 5000 Einwohner groß, bildet das Eingangstor zum »Naturpark Südschwarzwald«. Der heilklimatische Kurort mit einem der höchsten Wasserfälle Deutschlands liegt im tief eingeschnittenen Talgrund. Die Schwarzwaldbahn windet sich in Kehren am Hang entlang. Die Deutsche Uhrenstraße durchquert die Kleinstadt.

Im Jahr 1926 hat der »Schnitzersepp« Karl Josef Fortwängler innerhalb von nur fünf Monaten den holzgeschnitzten **Rathaussaal** geschaffen. Eine kaum überschaubare Vielfalt an Figuren, Geräten und Ereignissen bedeckt die Wände. Die heimische Tierwelt und das bäuerliche Leben, Handwerk, Handel und Verwaltung, Frohsinn und Mühsal hat Fortwängler mit unerschöpflicher Fantasie ins Holz gebracht. Auf den ersten Blick verschlägt die Fülle dem Betrachter den Atem. *Geöffnet Montag bis Freitag 9–12 Uhr und 14–16 Uhr*

Laut Guinness-Buch der Rekorde steht die **größte Kuckucksuhr der Welt** am Ortsausgang Richtung Hornberg. Sie ist gut 15 Meter hoch und einer traditionellen Schwarzwälder Kuckucksuhr im Maßstab 60 : 1 nachgebaut. Auch der Kuckuck ruft zum Fenster raus. Besichtigung des Uhreninnenlebens gegen Gebühr. *Frei zugänglich, Kinderwagen / Rollstuhl: Ja*

Wenig südlich von Triberg steht an der Kreisstraße 5728 von Schönwald nach Unterkirnach ein schauerlich anmutendes Denkmal – ein historisch echter **Galgen.** Dieses »steinerne Halsgericht« wurde 1721 aufgestellt. Bis zum Jahr 1776 wurden Verurteilte an ihm hingerichtet. Ein erster Galgen an dieser Stelle ist für das späte 16. Jahrhundert nachgewiesen. *Frei zugänglich, Kinderwagen / Rollstuhl: Ja*

Auskunft: *Tourist-Information Triberg, Wallfahrtstraße 4, 78098 Triberg im Schwarzwald, Telefon (0 77 22) 86 64 90, www.triberg.de*

Auf der Spur der Kelten

Villingen ist Stadtbezirk der 81 000 Einwohner zählenden Kreisstadt Villingen-Schwenningen. Der Ort wird 817 urkundlich genannt. Im Bauern-, Dreißigjährigen Krieg und Spanischen Erbfolgekrieg widerstand er allen Belagerungen. Das keltische Fürstengrab Magdalenenberg ist der größte Grabhügel Mitteleuropas.

Oberhalb der Innenstadt liegt der mit Sportanlagen, Spielplätzen und Ruhebänken ausgestattete Park **Hubenloch.** Zu ihm gehört in 750 Metern Höhe einer der höchstgelegenen öffentlichen Rosengärten Deutschlands. *Frei zugänglich, Kinderwagen: Ja / Rollstuhl: Nein*

Das **Franziskanermuseum** zeigt drei Jahrtausende Kulturgeschichte in den Abteilungen Stadtgeschichte, Vor- und Frühgeschichte und Volkskunde des Schwarzwalds. Eine eigene Ausstellung gilt dem Fürstengrab Magdalenenberg. *Geöffnet erster Dienstag im Monat 13–17 Uhr, Kinderwagen / Rollstuhl: Ja*

Die Stadtmauer umschließt fast die gesamte historische Innenstadt. Die **Ringanlagen,** für die im 19. Jahrhundert Wall und Graben eingeebnet wurden, sind ein Freizeitgebiet mit Spielplätzen, Stauden und Sommerblumen, Ruhebänken, Blumenuhr und Spazierwegen. *Frei zugänglich, Kinderwagen / Rollstuhl: Ja*

Der hünenhafte Remigius Mans ist als legendenumwobener Lokalheld »Romäus« in die Ortsgeschichte eingegangen. Seine Größe soll ihm erlaubt haben, von der Straße her ins zweite Stockwerk der Häuser zu sehen. Auch soll er das Rottweiler Stadttor entwendet haben. Als Landsknecht ist er 1513 in der Schlacht bei Novara gefallen. Sein Bild ziert den **Romäusturm** in der Stadtmauer. *Frei zugänglich, Kinderwagen / Rollstuhl: Ja*

Auskunft: *Tourist-Info & Ticket-Service, Rietgasse 2, 78050 Villingen-Schwenningen, Telefon (0 77 21) 82-23 40, www.tourismus-vs.de*

Wasserkraft und Scheiterhaufen

Im Jahr 1244 beschließen die Grafen von Freiburg, »auf dem Vernbach genannten Gelände Burg und Stadt zu errichten«. Laut Gründungsurkunde sollten von Vernbach aus die unwegsamen Täler Langenbach, Linach, Schollach und Urach erschlossen werden. Aus Vernbach ist die knapp 4000 Einwohner zählende Stadt Vöhrenbach geworden.

Die in den Jahren 1922 bis 1925 zur Stromerzeugung gebaute **Linachtalsperre** wurde 1969 stillgelegt, der Stausee abgelassen. Knapp 40 Jahre später wurde die gesamte Anlage saniert und wieder in Betrieb genommen. Die als Gewölbereihe in Eisenbeton errichtete Staumauer ist Baukulturdenkmal. Ein »Wasserkraftlehrpfad« führt von der Talsperre über die Staumauer zum Kraftwerk im unteren Linachtal. *Frei zugänglich, Kinderwagen / Rollstuhl: Nein*

Auf einem Felssporn über dem Zusammenfluss von Breg und Urach sitzt im Stadtteil Hammereisenbach die **Ruine Neufürstenberg.** Gleich hinter der Bregbrücke führt ein Fußpfad zur noch immer mächtigen Schildmauer hinauf. Die Burg, die gegen Ende des 13. Jahrhunderts von den Fürsten zu Fürstenberg zum Schutz ihres Erzabbaus im Eisenbachtal errichtet wurde, brannte 1525 im Bauernkrieg nieder. *Frei zugänglich. Kinderwagen / Rollstuhl: Nein*

Am Platz des **Bruderkirchles** an der Herzogenweiler Straße sollen sieben junge Frauen, die trotz Drohungen nicht vom christlichen Glauben lassen wollten, bei lebendigem Leib auf einem Scheiterhaufen verbrannt worden sein. Ein Gemälde in der Wallfahrtskirche hält das Geschehene fest. *Frei zugänglich. Kinderwagen / Rollstuhl: Ja*

Auskunft: *Tourist-Info, Friedrichstraße 8, 78147 Vöhrenbach, Telefon (0 77 27) 50 11 15, www.voehrenbach.de*

Auf dem Ritterwanderweg

Die Ursprünge Waldkirchs lassen sich bis ins Jahr 918 zurückführen, als das schwäbische Fürstenhaus das Frauenkloster St. Margarethen gründete. Im 13. Jahrhundert wurde der Ort unterhalb der Kastelburg mit einer festen Mauer umgeben. Stadtrechte erlangte er 1300. Waldkirch mit rund 20 500 Einwohnern gilt als »Orgelstadt«.

Die Ursprünge Waldkirchs lassen sich bis ins Jahr 918 zurückführen, als das schwäbische Fürstenhaus das Frauenkloster St. Margarethen gründete. Im 13. Jahrhundert wurde der Ort unterhalb der Kastelburg mit einer festen Mauer umgeben. Stadtrechte erlangte er 1300. Waldkirch hat 20 500 Einwohner.

Im Jahr 1799 ließ sich Matthias Martin am Ort nieder. Er begründete den Orgelbau. Wenige Jahrzehnte später kam Ignaz Blasius Bruder hinzu. Er führte den Drehorgelbau ein. Waldkirch wurde europäische Orgelbaumetropole. Alle drei Jahre veranstaltet die Stadt das **Internationale Orgelfest** Drei Tage lang füllt der Gesang von Orchestrion und Leierkasten, von Dreh-, Karussell- und Kirchenorgel Straßen, Gassen und Plätze.

Waldkirchs Hausberg **Kandel** ist mit 1243 Metern die höchste Erhebung im Mittleren Schwarzwald. Wie der Blocksberg im Harz galt auch er im Mittelalter als Versammlungsplatz der Hexen. Vom Gipfel bietet sich eine herrliche Aussicht. Ein ausge-

dehntes Wegenetz erschließt Wanderern und Mountainbikern den Berg. Rund um den Gipfel berichten Tafeln über Geologie, Flora und Fauna. *Frei zugänglich, Kinderwagen / Rollstuhl: Ja*

Die um 1260 erbaute **Kastelburg** ist seit fast 400 Jahren Ruine. An den stattlichen Resten lassen sich dennoch heute Funktion und Bauweise einer mittelalterlichen Burganlage gut ablesen. Der »Ritterwanderweg« mit sieben Ritterfiguren und einem Burgfräulein führt als Kinderwanderung in 20 Minuten zur Burgruine hinauf. *Frei zugänglich, Kinderwagen / Rollstuhl: Nein*

Auskunft: *Tourist Information Waldkirch, Kirchplatz 2, 79183 Waldkirch, Telefon (0 76 81) 1 94 33, www.stadt-waldkirch.de*

Mit dem Nachtwächter unterwegs

Das Bild des Städtchens Wolfach – am Zusammenfluss von Wolf und Kinzig gelegen – prägt wesentlich der Barockbau des Fürstlich Fürstenbergischen Schlosses aus der zweiten Hälfte des 17. Jahrhunderts. Das »Untere Tor« bildet den Stadteingang.

Im Sommer hallt zweimal wöchentlich der Ruf des Nachtwächters durch die Altstadtgassen. Seine frühere Aufgabe, die Zeit anzusagen, die Nachtruhe zu sichern und vor Feuergefahr zu warnen, muss er nicht mehr wahrnehmen. Er ist heute ein Führer, der Gäste durch die nächtliche Stadt geleitet. Die **Nachtwächter-Runde** beginnt am Schlosstor. *Mai bis Oktober Donnerstag und Samstag 21 Uhr, Kinderwagen / Rollstuhl: Nein*

Von Leben und Beruf der Flößer berichtet der **Flößerpark** nahe der Einmündung der Wolf in die Kinzig. Voller Gefahren war die Floßfahrt auf den locker zusammengebundenen Stämmen vor allem, wenn Wehre und Stromschnellen befahren wurden. Von Wolfach nach Kehl waren die Flößer drei bis fünf Tage auf dem Wasser. Den 60 Kilometer langen Heimweg legten sie zu Fuß zurück. *Frei zugänglich, Kinderwagen / Rollstuhl: Ja*

Im **Schloss** sind Behörden und das (kostenpflichtige) Flößer- und Heimatmuseum untergebracht. Die Schlosskapelle bewahrt ein Gnadenbild des 14. Jahrhunderts und gute Votiv- und Altarbilder. Von der mittelalterlichen Pfarrkirche St. Laurentius sind Chor und Westturm erhalten. Das Langhaus wurde im 18. und 20. Jahrhundert verändert. Der alte Chor zeigt Reste einer Wandmalerei des 14. Jahrhunderts. *Tagsüber frei zugänglich, Kinderwagen / Rollstuhl: Ja*

Auskunft: *Tourist-Info Wolfach/ Oberwolfach, Hauptstraße 41, 77709 Wolfach, Telefon (0 78 34) 83 53 53, www.wolfach.de*

Südschwarzwald

Wie Keramik entsteht

Die Gemeinde Feldberg wurde 1939 gebildet, als Weidegebiete mit dem Ort Bärental zusammengelegt wurden. Falkau, Alt- und Neuglashütten sind weitere Ortsteile, die im 17. Jahrhundert entstanden sind. Der Fürst zu Fürstenberg schickte Glasmacher in die Urwälder am Feldberg geschickt, wo sie Glas produzieren und zugleich die Wälder roden sollten.

Peter Eckhardts »Lampe« brennt bei 1500 Grad Celsius. Die enorme Temperatur ist nötig, um Glas geschmeidig zu machen. Aus Glasröhren und -stäben formt **Glasbläser** Eckhardt mit Drehen, Blasen, Ziehen und Quetschen kleine Kunstwerke. Er hat gern Besuch, der ihm bei der Arbeit zuschaut. *Bergweg 4, Telefon (0 76 55) 4 94, Gruppen ab zehn Personen bitte anmelden, Kinderwagen / Rollstuhl: Ja*

In **Ginas Keramikstube** dreht sich die Töpferscheibe. Aus einem Tonklumpen entsteht unter ständigem Rotieren und den geschickten Händen der Töpferin ein rundes Gefäß. Dabei wird der Ton ausgehöhlt und zwischen den Fingern in die Höhe gezogen. Nebenbei erzählt Gina (Möbius) von ihrer Handwerkskunst, die das Bemalen der Gefäße einschließt. *Hasleweg 8, Besucher bitte anmelden, Telefon (0 76 55) 2 60, Kinderwagen / Rollstuhl: Ja*

Der 20 Hektar große **Windgfällweiher** ist einer von sieben Karseen im Schwarzwald, die von Eiszeitgletschern ausgehobelt wurden. Die einstige Schraubenfarbik Falkau hat den anfangs kleinen Moorsee 1895 mit einem Damm aufgestaut und vergrößert. Auf einem Rundweg ist er innerhalb einer Dreiviertelstunde leicht umwandert. Am See liegt ein (kostenpflichtiges) Schwimmbad. *Frei zugänglich, Kinderwagen / Rollstuhl: Nein*

Auskunft: *Tourist-Information Feldberg-Altglashütten, Kirchgasse 1, 79868 Feldberg, Telefon (0 76 52) 12 06-83 00, www.hochschwarzwald.de*

Barfuß im Kurpark

Der 3800 Einwohner große Kurort Bad Bellingen wird 1006 urkundlich als Weiler Bellikon genannt. Mitte des 20. Jahrhunderts wurden Thermalquellen mit Temperaturen zwischen 35 und 41 Grad Celsius entdeckt. Diese zum Heilbaden genutzten Natrium-Calcium-Chlorid-Thermen wirken lindernd bei Erkrankung der Gelenke und des Bewegungsapparates.

Der 24 Hektar große **Kurpark** besteht aus einem wildromantischen Teil und aus einem weiteren von Gärtnern angelegten Bereich. Im Frühjahr werden Tausende von Tulpen, Krokussen und Narzissen gesetzt. Im Sommer blühen Tagetes in zehn Sorten, Fleißige Lieschen, Begonien und viele andere Sommerblumen. *Frei zugänglich, Kinderwagen / Rollstuhl: Ja*

Im wilden Teil des Kurparks verläuft ein **Barfußpfad.** Er verspricht auf 800 Metern reinstes Naturerlebnis auf Kies, großen und kleinen Steinen, auf Holz, Laub und Sand. Auch führt er über Holzbohlen, einen Brückensteg und immer wieder an Balancierstellen. Begleitet wird der Barfußpfad streckenweise vom »Vogelkundeweg«, der Dutzende von Vogelarten erklärt. *Frei zugänglich, Kinderwagen / Rollstuhl: Nein*

Seit 1991 unterhält Bad Bellingen im Ortsteil Bamlach das **Oberrheinische Bädermuseum.** Es präsentiert die Kulturgeschichte des Heilbadens zwischen Schwarzwald, Vogesen und Schweizer Jura von den Römern bis heute. Fünf wissenschaftlich betreute Abteilungen zeigen die medizinische und gesellschaftliche Entwicklung der Badekur im Lauf der Jahrhunderte. *Geöffnet Sonntag und Mittwoch, 14–17 Uhr,* **Eintritt frei mit KONUS und für Kurgäste,** *Telefon (07635) 81 19 21, Kinderwagen / Rollstuhl: Nein*

Auskunft: *Bade- und Kurverwaltung, Badstraße 14, 79415 Bad Bellingen, Telefon (0 76 35) 8 08-2 20, www.bad-bellingen.de*

Mit Erfolg nach Salz gebohrt

Bad Dürrheim wird schon 889 urkundlich genannt, führte aber jahrhundertelang, später auch als Amtssitz des Johanniterordens, einen Dornröschenschlaf. Aus ihm erwachte es 1822, als ein unterirdisches Salzlager entdeckt wurde. Das höchstgelegene Solebad Europas bietet seit 1851 Badekuren an und trägt den Titel Bad seit 1921.

Der **Kurpark** gleicht einer weiten Parklandschaft. Unter breit ausladenden Bäumen stehen Bänke am Weg. Blumenbeete, Wasserläufe und eine Fontäne in einem kleinen See beleben die Anlage. Familien besuchen regelmäßig den Park. Ein großer und gut ausgestatteter Spielplatz ist am östlichen Rand angelegt. *Frei zugänglich, Kinderwagen / Rollstuhl: Ja*

Am 25. Februar 1822 stieß eine Probebohrung in einer Tiefe von 125 Metern auf den Dürrheimer Salzstock. Die Suche nach dem Salz hatte der in Villingen lebende Amateurgeologe Konrad Heby angeregt. Der Johanniteramtmann Johann Baptist Willmann griff die Idee auf und gewann den Politiker Karl-Christian von Langsdorf für die Bohrung. Im Bad Dürrheimer **Hindenburgpark** erinnert ein Gedenkstein mit Inschrift und großem symbolisierten Erdbohrer an den Salzfund. *Frei zugänglich, Kinderwagen / Rollstuhl: Ja*

In einem Gebäude der früheren Saline ist das **Heimatmuseum** eingerichtet. Es zeigt die historische Entwicklung des Orts von seiner ersten Nennung bis zur Entdeckung des Salzlagers. Auch die Geschichte der Saline und des Kurbetriebs wird präsentiert. Andere Themen sind Schule und Waschtag vor hundert Jahren, alemannische Fastnacht und alte Handwerksberufe. *Sonntag 14–17 Uhr, Kinderwagen / Rollstuhl: Nein*

Auskunft: *Kur- und Bäder GmbH Bad Dürrheim, Luisenstraße 4, 78073 Bad Dürrheim, Telefon (0 77 26) 66 62 66, www.badduerrheim.de*

Ein Garten für alle

Unter dem Namen »Scrozzinca« wird der 16 500 Einwohner zählende Kurort Bad Krozingen erstmals im Jahr 807 in einer Urkunde erwähnt. Im frühen 20. Jahrhundert wurde auf Krozinger Gemarkung – wie an anderen Orten im Oberrheingraben ebenfalls – nach Erdöl gesucht. Gefunden wurde Thermalwasser. Der Namensbestandteil Bad wurde dem Ort 1933 verliehen.

Der 40 Hektar große **Kurpark** besteht aus zwei ganz verschiedenen Teilen – einem Englischen Landschaftsgarten und einem Naturpark. Seltene Baumbestände, vielgestaltige Blumenbeete und üppige Blütenskulpturen schaffen eine abwechslungsreiche Parklandschaft. Von besonderem Reiz sind die ganz aus Pflanzen und Blüten aufgebauten Pfauenfiguren. Ein kleines Schafgehege gehört auch zum Park. *Frei zugänglich, Kinderwagen / Rollstuhl: Ja*

Am Rand des Kurparks breitet sich der von einer Bad Krozinger Familie privat angelegte und gepflegte **Duft- und Kräutergarten** aus. Die Vielfalt an Blütenpflanzen und Stauden soll Menschen erfreuen und Tieren nützlich sein. An einigen Stellen finden sich kleine Nischen mit Ruhebänken zum Rasten und Nachsinnen. Ein kleiner Skulpturenpark aus Holzfiguren ergänzt das Kurparkkleinod. *Frei zugänglich, Kinderwagen / Rollstuhl: Nein*

Das **Museum im Rathaus** des Bad Krozinger Stadtteils Biengen vermittelt Einblicke in die Alltagsgeschichte der Menschen, die vor Generationen am Ort lebten. Es ist ein offenes, lebendiges Museum, in dem auch Sonderausstellungen präsentiert werden. *Geöffnet zweiter und vierter Sonntag im Monat 14.30–17 Uhr, Telefon (0 76 33) 36 20, Kinderwagen / Rollstuhl: Nein*

Auskunft: *Kur und Bäder GmbH Bad Krozingen, Herbert-Hellmann-Allee 12, 79189 Bad Krozingen, Telefon (0 76 33) 40 08-54, www.bad-krozingen.de*

Barfußpfad im Wildgehege

Die Geschichte der knapp 17 000 Einwohner zählenden Kurstadt Bad Säckingen beginnt mit der Gründung einer Missionszelle durch den heiligen Fridolin um 522. Markantes Bauwerk ist das Fridolinmünster aus dem 14. Jahrhundert. Der 204 Meter lange gedeckte Rheinübergang gilt als längste Holzbrücke Europas.

Der **Naherholungsraum Bergsee** ist ein kleines Idyll. Der See eignet sich nicht als Bad, wohl aber für einen Spaziergang rundherum. Nebenan führt ein 500 Meter langer **Barfußpfad** über Stock und Stein, über Sand, Holz und Kies, begleitet vom »Schöpfebach«. Am Ende liegt eine Wassertretstelle. In der Nähe äsen Dam-, Rot- und Sikawild im Gehege. Auch Wildschweine grunzen dort. Wildfutter gibt's am Automaten. *Frei zugänglich, Kinderwagen / Rollstuhl: Ja*

Freude an »Kruscht« kann im **Müllmuseum** ausgelebt werden. Seit Jahrzehnten liest Familie Thomann aus dem städtischen Abfall heraus, was ihr brauchbar scheint. Daraus hat sie ein »Müllmuseum« gemacht. Auf fünf Etagen sind die Müllschätze ausgebreitet – Blechspielzeug, Radios, Geschirr, Puppen, Uhren, eine Schusterwerkstatt und mehr. *Hauptstraße 162, geöffnet Donnerstag 15–17 Uhr, Sonntag 14–17 Uhr, Kinderwagen / Rollstuhl: Nein, Telefon (0 77 61) 43 25, www.muellmuseum-wallbach.de*

Die ältesten Bauteile am **Fridolinmünster** reichen ins 11. Jahrhundert zurück. Die unteren Geschosse der Westfassade stammen aus dem 12. Jahrhundert. Von 1343 bis 1360 wurde ein dreischiffiger gotischer Neubau errichtet, der 1678 ausbrannte und mit Barockelementen wiederaufgebaut wurde. Die Doppelturmfassade prägt das Münster. *Geöffnet täglich 8–20 Uhr*

Auskunft: *Tourismus GmbH Bad Säckingen, Waldshuter Str. 20, 79713 Bad Säckingen, Telefon (0 77 61) 5 68 30, www.badsaeckingen.de*

Wo schon die Römer badeten

Der rund 4000 Einwohner zählende Kurort Badenweiler liegt am Westabhang des 1165 Meter hohen Blauen. Vermutlich schon die Kelten, erwiesenermaßen aber die Römer, haben vor 2000 Jahren die warmen, heilkräftigen Thermen genutzt. Markgraf Karl Friedrich von Baden ließ 1784 die Ruinen des Römerbads freilegen. Im 20. Jahrhundert wurden sie restauriert.

Die **Badruinen** aus dem 1. bis 3. Jahrhundert sind die größte erhaltene Römeranlage nördlich der Alpen. Sie vermitteln einen Eindruck von römischer Badkultur. Es gab Warm- und Kaltbäder, Schwitzräume und Hygienebäder, Massage- und Ruheräume. Kurgäste waren Offiziere, Verwaltungsbeamte und die Besitzer römischer Gutshöfe in der Rheinebene. *Geöffnet April bis Oktober 10–19 Uhr, November bis März 10–17 Uhr,* **Eintritt frei mit Landesfamilienpass,** *Kinderwagen / Rollstuhl: Ja*

Die Anfänge des 22 Hektar großen **Kur- und Schlossparks** liegen im Jahr 1758. Einheimische und exotische Bäume, Sträucher und Zierpflanzen prägen den Gar-

ten. An den Wegen stehen Plastiken einheimischer Künstler. Über dem Kurpark thront die Ruine der Zähringerburg. Sie gehörte zeitweilig den Staufern, den Habsburgern, zuletzt den Markgrafen von Baden. Bauern- und Dreißigjähriger Krieg fügten ihr kaum Schaden zu. Französische Truppen verwüsteten sie 1678. *Frei zugänglich, donnerstags Führung um 15.15 Uhr ab Kurhaus, Kinderwagen / Rollstuhl: Ja (außer Ruine)*

Der an Tuberkulose erkrankte russische Dichter Anton Tschechow suchte 1904 Heilung in Badenweiler. Seiner Ehefrau schrieb er: »Badenweiler ist ein sehr origineller Ort, aber worin seine Originalität besteht, ist mir noch nicht klar geworden.« Am 15. Juli starb der Schriftsteller. Am 21. Juli 1998 ist im Kurhaus das Literarische Museum **Tschechow-Salon** eröffnet worden. *Geöffnet täglich 10–18 Uhr, Kinderwagen / Rollstuhl: Ja*

Auskunft: *Tourist-Information, Ernst-Eisenlohr-Straße 4, 79410 Badenweiler, Telefon (0 76 32) 79 93 00, www.badenweiler.de*

Schneller als ein Rennpferd

Die Herren von Blumberg werden erstmals 1260 urkundlich genannt. Burg Blumberg wurde im Mittelalter errichtet, im Dreißigjährigen Krieg zerstört. Die 1890 eröffnete »Sauschwänzlebahn« mit einer Streckenlänge von 25 Kilometern wurde 1976 stillgelegt, ein Jahr später als (kostenpflichtige) Museumsbahn wieder eröffnet.

Auf dem schon im 12. Jahrhundert erwähnten »Steppacher Hof« unterhält Familie Kurz ihre **Straußenfarm.** Der Laufvogel Strauß wird drei Meter hoch, ist schneller als ein Rennpferd und legt drei Pfund schwere Eier. Neben den Straußen weidet eine Auerochsenherde. *Blumberg-Riedöschingen an der Bahnlinie, frei zugänglich, Kinderwagen / Rollstuhl: Ja, Telefon (07702) 4 11 27*

Im 1543 erstmals erwähnten, später nach ihm benannten Wirtshaus »Scheffellinde« in Achdorf kehrte der sangesfreudige Dichter Joseph Viktor von Scheffel gern ein – der Wirtstochter Josefine wegen. Das historische Gasthaus brannte 1930 ab, wurde aber im alten Stil wiederaufgebaut. Die 1651 gepflanzte namengebende Linde wurde 1972 wegen Altersschwäche gefällt. Nebenan wächst die neue Linde. Das Haus unterhält ein **Scheffelzimmer.** *Montag Ruhetag, Kinderwagen / Rollstuhl: Ja, Telefon (0 77 02) 94 72, www.scheffellinde.de*

Der **Blaue Stein** ist als Basaltkegel zur Zeit des Hegau-Vulkanismus vor gut 20 Millionen Jahren entstanden. Vermutlich wurde er in grauer Vorzeit als Kultstätte genutzt. Mit ein wenig Phantasie entdeckt der Betrachter Gesichter im Stein. Zu ihm führt ein sieben Kilometer langer Rundwanderweg. *Frei zugänglich, Kinderwagen / Rollstuhl: Nein, Start: St. Martinsbrunnen Riedöschingen*

Auskunft: *Touristinfo Blumberg, Hauptstraße 52, 78176 Blumberg, Telefon (0 77 02) 5 12 03, www.stadt-blumberg.de*

Ein teuflischer Taufstein

Die aus den Ortsteilen Bollschweil und St. Ulrich gebildete Gemeinde zählt rund 2300 Einwohner. Sie wird schon 838 in einer Urkunde des Klosters St. Gallen erwähnt. Im 12. bis 14. Jahrhundert wurde am Birkenberg – wie an vielen anderen Orten im Schwarzwald – in Stollen und Schächten Silbererz abgebaut, Grundlage des Münzwesens im Mittelalter.

Der **Bergbauhistorische Lehrpfad** erschließt über eine Länge von 1600 Metern einen Großteil des 25 Hektar messenden Bergbaureviers. 20 Schautafeln berichten vom Leben der Bergleute, vom Erzabbau und den Strapazen der Arbeit. Der Pfad führt an alten Stollen vorüber, passiert Reste der Bergleutesiedlung und erreicht die Ruine der Birchiburg. *Frei zugänglich, Kinderwagen / Rollstuhl: Nein*

Ein riesiger **Taufstein** aus dem 11. Jahrhundert mit einem Gewicht von acht Tonnen und einem Durchmesser von 2,59 Metern steht im Kirchhof des Ortsteils St. Ulrich. Er ist rundum mit Schmuckformen verziert, darunter Christus und Maria mit Aposteln und Propheten. Die Schale wird auch Teufelsstein genannt, weil der Legende nach der Teufel selbst sie hergeschafft haben soll. *Frei zugänglich, Kinderwagen / Rollstuhl: Ja*

Unterhalb der ehemaligen Klosteranlage von St. Ulrich steht an der Möhlin das **Ulrichsbrünnele.** Es soll der erste Brunnen sein, den der heilige Ulrich, Gründer des Klosters und Namengeber des Dorfs, am Ort benutzt hat. Dem Wasser wird heilende Wirkung zugeschrieben. Am 2. Sonntag im Juli wird Ulrichsfest gefeiert. *Frei zugänglich, Kinderwagen / Rollstuhl: Nein*

Auskunft: *Gemeinde Bollschweil, Hexentalstraße 56, 79283 Bollschweil, Telefon (0 76 33) 9 51 00, www.bollschweil.de*

Ein Schloss voller Narren

Gegen Ende des 16. Jahrhunderts hat Graf von Mörsberg Schloss Bonndorf an der Stelle einer älteren, abgebrannten Anlage völlig neu errichten lassen. Der kastenartige Bau mit zwei Erkertürmen beherbergt heute eine ungewöhnliche und reichhaltige Privatsammlung alemannischer Fastnachtsfiguren und -masken.

Friseurmeister Theo Hany hat seine Sammlung in jahrzehntelanger Fleißarbeit gemeinsam mit seiner Ehefrau Hedwig aufgebaut. Sie haben mehr als 400 Miniatur-Fastnachtsfiguren geschnitzt, geleimt und bekleidet – jeweils 30 bis 40 Zentimeter groß. Die Gestalten sind Nachbildungen der schönsten **Fastnachtsfiguren** aus Schwarzwald und Hegau, von der Baar, vom Hochrhein und vom Bodensee, aus dem Allgäu und aus Schwaben. *Geöffnet Mittwoch bis Samstag 10–12 und 14–17 Uhr, Sonntag 14–17 Uhr, Kinderwagen / Rollstuhl: Nein*

Zusätzlich zur Miniaturenschar hat Hany 340 handgeschnitzte, originale **Fastnachtsmasken** aus der gesamten Fastnachtslandschaft Südwestdeutschlands, der Schweiz und Tirols zusammengetragen. Sie sind in den Kellergewölben des Schlosses ausgehängt, streng sortiert nach Narrenlandschaften und -zünften. *Geöffnet Mittwoch bis Samstag 10–12.00 und 14–17 Uhr, Sonntag 14–17 Uhr, Kinderwagen / Rollstuhl: Nein*

Unterhalb des Schlosses liegt ein zierlicher **Japanischer Garten.** Er ist nur mit für Japan typischen Bäumen, Sträuchern und Stauden besetzt. Den Gartenmittelpunkt bildet ein Pavillon im Stil einer japanischen Pagode. Er soll das traditionelle Teehaus, Mittelpunkt eines jeden Japanischen Gartens, darstellen. *Frei zugänglich, Kinderwagen / Rollstuhl: Ja*

Auskunft: *Theo Hany, Brunnenstraße 2, 79848 Bonndorf im Schwarzwald, Telefon (0 77 03) 2 33 oder (0 77 03) 80 01 (privat), www.bonndorf.de*

Ameise Fridolin ist unterwegs

Im Jahr 2007 wurde der gut 5000 Einwohner große Ort Bötzingen am Kaiserstuhl als »familienfreundlichste Gemeinde im Landkreis Breisgau-Hochschwarzwald« ausgezeichnet. Die Jury begründete ihre Entscheidung mit dem umfassenden Angebot für alle Lebenslagen – für Kleinkinder, Kinder, Jugendliche, Familien bis hin zu Behinderten und Senioren.

Auf dem **Bötzinger Walderlebnispfad** führt Ameise Fridolin. Der Weg ist ein Prunkstück im Bötzinger Angebot für Familien mit Kindern. Mit Fridolin erleben sie manche schöne Überraschung im Wald. Da sind die Sprunggrube und das begehbare Ameisennest, der Barfußpfad, das Waldklassenzimmer und vieles mehr. An jeder Station lugt aus dem Gebüsch ein scheues Wild, das aber erst gefunden werden muss. Der Weg zum Pfad ist großzügig markiert. *Frei zugänglich, Kinderwagen / Rollstuhl: Ja, Start: Spielplatz Erlenschachen*

Der **Bötzinger Brunnenpfad** nimmt sich sehr gründlich das Thema »Wasser ist Leben« vor. Auf einer Strecke von 7 Kilometern führt er an 12 Laufbrunnen vorüber. Er besucht eine Reihe von Sehenswürdigkeiten, darunter den Oberschaffhausener Dorfplatz, die vom Wasser 10 Meter tief ausgespülte Buntehahlegasse und einen Spielplatz mit Wasser und Matsch. Am Weg stehen 17 Schautafeln, die zum Wasser Auskunft geben, zu seiner Bedeutung für Mensch und Tier, für Obst- und Weinbau, Gewerbe und Feuerwehr. Am »Platz der Begegnung« warten Bötzingens Wappentier, der Bär, und ein Klettergerüst. *Frei zugänglich, Kinderwagen / Rollstuhl: Ja, Start: Rathaus oder Bahnhof Bötzingen*

Auskunft: *Gemeinde Bötzingen, Hauptstraße 11, 79268 Bötzingen, Telefon (0 76 63) 93 10-14, www.boetzingen.de*

Narrenschiff ahoi

Die Zähringergründung Bräunlingen tritt zwar erst 1305 mit der Verleihung der Stadtrechte durch die Habsburger ins Licht der Geschichte. Dennoch liegt hier uraltes Siedlungsland, wie Funde aus der Jungsteinzeit belegen. In Gräbern alemannischer Adliger aus dem 5. und 6. Jahrhundert wurden kostbare Beigaben gefunden.

Der **Bräunlinger Narrenbrunnen** an der Blaumeerstraße ist eine Liebeserklärung an die Narrenzunft »Ein-

tracht«. Er wurde vom Hüfinger Bildhauer Bernhard Wintermantel geschaffen und im Jahr 2004 am Narrenzunfthaus aufgestellt. Vorbild für das gestrandete, seeuntüchtige Boot ist das »Narrenschiff«, eine Satire des Baseler Stadtschreibers Sebastian Brant von 1494. *Frei zugänglich, Kinderwagen / Rollstuhl: Ja*

Der **Historische Stadtrundgang** führt an 16 Plätze der Altstadt, darunter das Rathaus von 1590, die Remigiuskirche mit Teilen aus der Zeit um 1000, mehrere Brunnen und ein Stück Stadtmauer. In den Rundgang lässt sich der Besuch des »Skulpturenparks« einschließen, angelegt 2005 zum Jubiläum »500 Jahre Stadtrechte« und mit Werken heimischer Künstler bestückt. *Frei zugänglich, Kinderwagen / Rollstuhl: Ja*

Der **Heckenerlebnispfad** außerhalb der Stadt weist auf 4 Kilometern 25 Stationen auf. Heckengehölze und ihre Bewohner werden vorgestellt. Über die Entstehung von Hecken und ihre Bedeutung für Flora und Fauna wird unterrichtet. Nicht zu vergessen ist »Leckeres und Gesundes«, das Hecken bieten. *Frei zugänglich, Kinderwagen / Rollstuhl: Nein, Start: Löwenbrauerei*

Der **Kirnbergsee** – eine Talsperre, die den Brändbach staut und 1922 in Betrieb genommen wurde – gilt als wärmster See im südlichen Schwarzwald. Er liegt 785 Meter hoch, ist 35 Hektar groß und dient der Stromerzeugung, dem Hochwasserschutz und der Fischzucht. Es gibt zwei Badestrände. *Frei zugänglich, Kinderwagen / Rollstuhl: Ja*

Auskunft: *Amt für Tourismus, Kultur und Sport, Kirchstraße 3, 78199 Bräunlingen, Telefon (07 71) 6 03-1 44, www.braeunlingen.de*

Auf Schatzsuche

Die gut 14 000 Einwohner große Stadt Breisach liegt südwestlich des Kaiserstuhles etwa auf halbem Weg zwischen dem badischen Freiburg und dem elsässischen Colmar. Schon die Kelten und nach ihnen die Römer unterhielten auf der markanten Höhe über dem Rhein befestigte Siedlungen. Kaiser Barbarossa ließ die Stadt 1185 planmäßig anlegen.

Weithin sichtbar thront auf hohem Basaltfelsen über der Stadt das **Münster St. Stephan.** Es bewahrt große Kunstwerke, darunter Grabdenkmäler des 14. bis 18. Jahrhunderts. Den bedeutenden Hochaltar hat Bildhauer Hans Loy zwischen 1523 und 1526 geschnitzt. Betrachter sollten ein Fernglas mitbringen, um sich auch an den übermütig im Mittelteil des Altars agierenden Putten erfreuen zu können. *Frei zugänglich, Kinderwagen / Rollstuhl: Ja*

Auf **Stadtrallyes** lernt der Besucher Breisach kennen. Mit Papier und Bleistift wandern die Kleinen, mit GPS-Geräten die Großen durch Gassen und Winkel, über Treppen und Stiegen, rauf und runter durch die Stadt. Die Tour der Jüngsten führt zu 11, die der etwas Größeren zu 34 Stationen. Erwachsenen »Schatzsuchern« und Kindern in Begleitung bietet »City-Caching« zwei unterschiedlich anspruchsvolle Touren per GPS an. *Frei zugänglich, Kinderwagen / Rollstuhl: Nein, Unterlagen bei Breisach-Touristik, GPS-Gerät (50 € Pfand) bis 17 Uhr am Vortag unter (0 76 67) 94 01 55 bestellen*

Faltblätter gibt es für **Rundgänge** durch die Unterstadt, auf den Münsterberg, als Festungstour. Sogar einen Spaziergang zur »Lyrik am Weg« empfiehlt die Stadt. In der Hafenstraße liegt eine »Halfpipe«. *Frei zugänglich, Kinderwagen / Rollstuhl: Nein*

Auskunft: *Breisach-Touristik, Marktplatz 16, 79206 Breisach am Rhein, Telefon (0 76 67) 94 01 55, www.breisach.de*

Elefanten vom Glasbläser

Der kleine Ort Breitnau wird 1275 erstmals in einer Urkunde des Bistums Konstanz genannt. In der zweiten Hälfte des 18. Jahrhunderts wird die Höllentalstraße angelegt, im Mai 1887 die Höllentalbahn eröffnet. Goethe hat im Tal übernachtet und Österreichs Prinzessin Marie Antoinette ist 1770 auf ihrem Brautzug nach Paris durchs Höllental gezogen.

Michael Greiner ist **Glasbläser** wie Generationen seiner Familie vor ihm. In seiner Werkstatt im Höllental bläst er Kugeln, Vasen, Federhalter. Seine Leidenschaft gehört den handgeformten Tierfiguren. Er macht, was ihm grad in den Sinn kommt – auch Fische, Spinnen, Skorpione. Besonders lieb sind ihm die kleinen Elefanten. Greiner erzählt Gästen von seinem Handwerk. *Höllsteig 76, geöffnet täglich 9.30–17.30 Uhr, Kinderwagen / Rollstuhl: Ja, Telefon (0 76 52) 90 11 78, vorherige Anmeldung erforderlich*

Nahebei steht das **Höllentalzollhaus.** Reisende, Fuhrleute, Uhrenträger, die früher das Höllental hinauf- oder hinunterzogen, mussten am Zollhaus Maut entrichten. Der Erlös diente dem Unterhalt der Fahr- und Gehwege. Eine kleine Ausstellung in dem historischen Bauwerk zeigt die Hintergründe. *Schlüssel im Hofgut Sternen, Kinderwagen / Rollstuhl: Ja*

Wenig unterhalb der Zollstation liegt die **Kapelle St. Oswald,** die älteste Kirche im Hochschwarzwald. Am Chorturm sind romanische Rundbogenfenster und spätgotische Stilelemente erhalten. Bis 1798 wurde in der Kapelle Gottesdienst gefeiert, der kleine Friedhof bis 1863 genutzt. *Schlüssel im Hofgut Sternen, Kinderwagen / Rollstuhl: Ja*

Auskunft: *Tourist-Information Breitnau, Dorfstraße 11/1, 79874 Breitnau, Telefon (0 76 52) 12 06 83 80, www.breitnau.de*

Seifenkistenrennen

Im rund 4000 Einwohner zählenden Buggingen wurde von 1922 bis 1973 Kalisalz gewonnen. Eine mächtige Abraumhalde erinnert an die Zeit, als dort die größte Industrieanlage Südbadens stand. Kalisalz bildete sich vor 35 Millionen Jahren. Es wird bergmännisch abgebaut und als Düngemittel und in der chemischen Industrie genutzt.

Nach Ende der Kaliförderung wurde der Bergmannsverein Buggingen gegründet. Danach dauerte es 22 Jahre bis zur Eröffnung des **Kalimuseums.** Die Ausstellung spiegelt die Geschichte des Bugginger Bergbaus. Gezeigt werden historische Fotos, auch Videofilme zum Bergwerk, zum Kaliabbau und zur Weiterverarbeitung. *Am Sportplatz 6a, Kinderwagen / Rollstuhl: Nein, geöffnet Sonntag 15–17 Uhr, Telefon (0 76 31) 18 03 20*

In einem alten Eiskeller, im Krieg als Luftschutzbunker genutzt, hat der Bergmannsverein Buggingen einen 170 Meter langen **Stollen** bergmännisch ausgebaut. Er ergänzt das nebenan liegende Museum und zeigt originales Bergwerksgerät. An voll funktionsfähigen Maschinen werden die Arbeit der Bergleute und der Grubenbetrieb vorgefürt. *Geöffnet Sonntag 15–17 Uhr, Kinderwagen / Rollstuhl: Nein*

Jedes zweite Maiwochenende, an »Muttertag«, ist **Seifenkistenrennen** mit mehr als 180 Startern. Nicht nur Kinder und Jugendliche schwingen sich dann in ihre motorlosen Fahrzeuge. Auch Erwachsene erfüllen sich ihren Jugendtraum. Aus seiner Liebe zur Seifenkiste hat Martin Rapp eine Sammlung gemacht. Seine Seifenkisten bilden eine kleine Erlebniswelt, denn jede Kiste hat ihre eigene Geschichte. *Im Mittelfeld 22, geöffnet nach Voranmeldung, Kinderwagen / Rollstuhl: Nein*

Auskunft: *Gemeinde Buggingen, Hauptstraße 31, 79426 Buggingen, Telefon (0 76 31) 18 03-20, www.buggingen.de*

An der Donauquelle

Donaueschingen, gut 21 000 Einwohner zählende Stadt an der Donauquelle, wird schon 889 als »Esginga« urkundlich erwähnt. Allerdings berichtet der griechische Historiker Herodot bereits im 5. Jahrhundert vor Christus von der Quelle der Donau. Im Jahr 15 n. Chr. soll der römische Feldherr und spätere Kaiser Tiberius vom Bodensee zur Donauquelle geritten sein.

Im Fürstlich Fürstenbergischen Park nimmt die Donau ihren Ausgang auf ihrem 2840 Kilometer langen Weg. Die **Donauquelle** ist seit 1875 in Stein gefasst und mit einem kunstvollen Eisengitter umrahmt. Den Quelltopf beherrschen zwei Marmorfiguren. Die »Hochebene Baar«, die das Donauwasser schickt, entlässt ihre »Tochter Donau« in die Welt. Aus Muschelkalk und Kies

steigen stündlich 150 Liter Quellwasser auf, das unterirdisch zur Brigach geleitet wird. Dort kommt es nach 100 Metern als kleiner Wasserfall im »Donautempel« wieder ans Licht. *Frei zugänglich, Kinderwagen / Rollstuhl: Nein.*

Neben der Donauquelle liegt das 1723 errichtete und 1896 neubarock umgebaute **Schloss Fürstenberg** (Besuch gegen Entgelt). Durch den im späten 18. Jahrhundert angelegten Schlosspark schlängeln sich Spazierwege unter mächtigen alten Bäumen an Teichen, Wasserläufen und Denkmälern entlang. Hier und da informieren Tafeln über die Pflanzenwelt des Parks und über seine Gestaltung. *Frei zugänglich, Kinderwagen / Rollstuhl: Ja*

Das 1838 errichtete **Rathaus** wurde 1908 im großen Stadtbrand zerstört, schon drei Jahre später aber mit einer ausgeprägten Jugendstilfassade wieder aufgebaut. Zur 1100-Jahr-Feier wurde der Platz vor dem Rathaus neu angelegt. Den wunderbaren Musikantenbrunnen hat der 1933 im sauerländischen Freienohl geborene Bildhauer Bonifatius Stirnberg entworfen. *Frei zugänglich, Kinderwagen / Rollstuhl: Ja*

Auskunft: *Tourist-Information, Karlstraße 58, 78166 Donaueschingen, Telefon (07 71) 8 57-2 21, www.donaueschingen.de*

Wo der erste Skilift stand

Schollach ist der größte Ortsteil der 2200 Einwohner zählenden Gemeinde Eisenbach. In dem kleinen Luftkurort leben nur 270 Menschen. Er liegt zwischen 800 und 1130 Metern hoch und weist das Landschaftsschutzgebiet »Schollacher Moor« aus. In diesem weltabgeschiedenen Nest wurde am 14. Februar 1908 der Skilift erfunden.

An jenem Tag warf der Land- und Gastwirt Robert Winterhalder vom »Schneckenhof«, der am Ort eine Sägmühle unterhielt, ein umlaufendes Seil auf eins der vom Wasser angetriebenen Schwungräder, führte es über fünf mit Rollen ausgestattete Ständer zum 280 Meter entfernten und 32 Meter höher gelegenen Waldrand. Die »kontinuierliche Drahtseilbahn mit Anhängevorrichtung für Rodler und Skiläufer« – der **Skilift** – war erfunden. Das renovierungsbedürftige Mühlenhaus mit der Antriebsanlage steht noch am alten Platz. *Frei zugänglich, Kinderwagen / Rollstuhl: Ja*

Die **Heimatstube Eisenbach** dokumentiert den einst bedeutendsten Erwerbszweig im Dorf – den Beruf des Uhrenmachers. Der Ort hatte im 19. Jahrhundert die größte Dichte an Uhrenmachern im Schwarzwald. Hinzu kamen ihre »Zulieferer« wie Schildmacher und -maler, Räderdreher, Ketten- und Zeigermacher und für den »Vertrieb« die Uhrenträger. Zu sehen sind rund 100 Schwarzwalduhren. *Geöffnet Montag, Mittwoch, Freitag 10–12 und 14–16 Uhr, Kinderwagen / Rollstuhl: Ja*

Die Heimatstube zeigt auch eine umfangreiche **Mineralien- und Vogelsammlung** mit 160 Präparaten aus der heimischen Vogelwelt. *Geöffnet Montag, Mittwoch, Freitag 10–12 und 14–16 Uhr, Kinderwagen / Rollstuhl: Ja*

Auskunft: *Tourist-Information Eisenbach, Bei der Kirche 1, 79871 Eisenbach, Telefon (0 76 52) 12 06 83 40, www.eisenbach.de*

Auf dem Wichtelpfad

Mit seinen 1493 Metern ist der Feldberg die höchste Erhebung im Schwarzwald. Am Gipfel steht eine von rund 100 Stationen des Deutschen Wetterdienstes. Sie registriert Luftdruck, Feuchtigkeit, Temperatur, Sonnenscheindauer, Wolkenhöhe, Windstärke und mehr. Die Radarstation nebenan reicht 200 Kilometer weit und ermittelt Art und Menge des Niederschlags.

Südöstlich des Feldberggipfels steht auf dem 1448 Meter hohen Seebuck ein (kostenpflichtiger) Aussichtsturm, bis 2001 noch Sendeturm des Südwestrundfunks. Die Fernsicht ist

auch ohne Aussichtsturm herrlich. Nordöstlich des Seebuck liegt in einer Senke auf der Feldsee ein Naturschutzgebiet ohne Badegelegenheit. *Frei zugänglich, Kinderwagen / Rollstuhl: Nein*

Im Sommer überzieht ein fast endloses **Wanderwegenetz** die Feldbergregion. Im Winter erschließen 15 (kostenpflichtige) Liftanlagen ein Skigebiet mit 16 Abfahrten und 30 Kilometern Piste. Kostenlos sind die 150 Meter lange **Rodelbahn,** die **Langlaufloipen** und die 3 und 9 Kilometer langen **Rundstrecken für Schneeschuhwanderer,** die am »Haus der Natur« beginnen. *Frei zugänglich, Kinderwagen / Rollstuhl: Nein*

Das (kostenpflichtige) Haus der Natur unterhält den (kostenlosen) **Wichtelpfad.** Die spaßige Runde ist 2400 Kinderschritte lang, 2 Kilometer also. Wichtel »Velt« führt durchs Gelände. Das zugehörige Faltblatt gibt's im Haus der Natur. Umsonst ist auch der Gang durch den »Feldberggarten« hinterm Haus mit unterschiedlichen Lebensräumen, in denen Pflanzen vom Feldberg vorgestellt werden. *Wichtelpfad geöffnet Pfingsten bis Herbstferien bei geeigneter Witterung, Kinderwagen / Rollstuhl: Nein, Naturschutzzentrum, Feldberggarten: Kinderwagen / Rollstuhl: Ja*

Auskunft: *Naturschutzzentrum Südschwarzwald,*
Dr.-Pilet-Spur 4, 79868 Feldberg,
Telefon (0 76 76) 93 36-30,
www.naturschutzzentren-bw.de

Haustiere aus aller Welt

Auf dem Schlossberg baute das Adelsgeschlecht der Zähringer 1091 eine Burg. Am Fuß des Bergs gründete es 1120 die Stadt Freiburg. Nachdem die Bürger sich von den Nachfolgern des 1218 erloschenen Zähringergeschlechts freigekauft hatten, schloss sich die Stadt Vorderösterreich an. Diese österreichische Zeit endete nach mehr als vier Jahrhunderten erst 1805.

Mit dem Bau des **Münsters** wurde um 1200 begonnen. Bedeutende Kunstwerke sind die Glasfenster und der Hochaltar. Auf der linken Wandseite des Westportals beobachtet der »Nasentrompeter« die Besucher. Die Figur führt auf der Internetseite www.muenster-fuer-kinder.de durch die Kathedrale. *Frei zugänglich, Kinderwagen / Rollstuhl: Ja*

Nordwestlich der Innenstadt liegt der **Naturerlebnispark Mundenhof.** In seinen Freigehegen werden fast nur Haus- und Nutztiere gehalten. Unter den 350 Tieren stammen neben vielen anderen Esel, Rind und Wollschwein aus Europa, Strauß und Wasserbüffel aus Afrika, aus Asien Kamel, Yak und Ziege, aus Nordamerika Pferd und Bison, aus Südamerika Nandu und Lama. Es gibt zwei naturnah angelegte Spielplätze und einen begehbaren Spieldrachen,

dazu Picknickplätze. *Mundenhof 37, frei zugänglich, Kinderwagen / Rollstuhl: Ja, Parken: 5 €*

Der **Schlossberg** ist ein weitläufiges Freizeitgelände. Vor 150 Jahren wurden erste Spazierwege und Aussichtspunkte angelegt. Im Jahr 2002 wurde ein Aussichtsturm aus Douglasienstämmen errichtet, die Orkan »Lothar« 1999 gefällt hatte. Zur Aussichtsplattform führen 186 Stufen. *Frei zugänglich, Kinderwagen / Rollstuhl: Nein*

Auskunft: *Tourist Information, Rathausplatz 2–4, 79098 Freiburg, Telefon (07 61) 38 81-8 80, www.freiburg.de*

Mit Waldwichteln in der Natur

Schon im Mittelalter wusste man um die heilsamen Schwefelquellen von Hinterzarten, die vor allem Augenleiden lindern sollten. Somit entwickelte sich der kleine Ort bereits im 13. Jahrhundert zu einem beliebten Ziel von Wallfahrern aus aller Herren Länder. Heute ist Hinterzarten anerkannter Kurort und Treffpunkt der Skispringer.

Waldwichtel Evernius Flechtel führt auf **Naturerlebnispfaden** durch Hinterzartens Wälder. Er hält zwei Strecken bereit. Die kurze Route mit 1,5 Kilometern berührt sechs Waldstationen mit »Pirschpfad«, »Baummemory« und »Waldpower«. Einen halben Kilometer länger ist die zweite Runde mit neun Stationen. Luft- und Wassergüte werden geprüft, die Waldapotheke und der Zauberwald besichtigt. Beide Strecken berühren einen Naturspielplatz mit Schaukeln, Reckstangen, Tischfußball, Grillstelle und Bolzwiese. Evernius Flechtel hält auch ein kleines Fragequiz parat. *Frei zugänglich. Kinderwagen / Rollstuhl: Nein*

Abseits des Naturerlebnispfads liegt eines der größten **Schwarzwaldmoore.** Seit 1941 sind die bis zu drei Meter mächtigen Torfschichten geschützt. Vorbei an Wollgras, Heidekraut und Birken und an dunklen Wasserlöchern gelangt der Wanderer auf einem Holzsteg mitten ins Moor. *Frei zugänglich Mai bis Oktober*

Skispringen ist nicht nur Wintervergnügen. Von den vier unterschiedlich hohen Sprungtischen der Hinterzartener **Adlerschanze** wird auch im Sommer geflogen, mit Anlauf in der Porzellanspur und Aufsprung auf grünen Kunststoffmatten. Dem Skiclub Hinterzarten schaut der Besucher beim Training zu. *Frei zugänglich, Kinderwagen / Rollstuhl: Ja*

Auskunft: *Tourist-Information Hinterzarten, Freiburger Straße 1, 79856 Hinterzarten, Telefon (0 76 52) 12 06-82 00, www.hochschwarzwald.de*

Orchideen, Heilkräuter & mehr

Hüfingen wird 1083 schriftlich genannt. Jedoch unterhielten die Römer schon im 1. Jahrhundert n. Chr. am Ort ihr Kastell Brigobannis. Zu der Militäranlage gehörte das übliche Bad, dessen gut erhaltene Reste als »Römerbadmuseum« (gegen Gebühr) besichtigt werden können.

Vier sehr unterschiedliche Wissenspfade liegen am Hüfinger Stadtrand. Mit 4 Kilometern ist der **Geologische Lehrpfad** am längsten. Er erklärt den Zusammenhang zwischen Geologie und Bodenbildung. 7 Stationen zeigen die wichtigsten Gesteinsarten der Baar. Der Pfad nutzt asphaltierte, auch geschot-

terte Landwirtschaftswege. *Frei zugänglich, Kinderwagen / Rollstuhl: Ja, Start: Kuppe des Fürstenbergs*

Der gut 3,5 Kilometer lange **Heilkräuterpfad** steigt am Anfang kurz und heftig an. Danach geht es nahezu eben weiter. Auf kleinen Tafeln wird über 21 Heilpflanzen unterrichtet. Am Weg liegt der Kräutergarten des Gasthauses »Mostschöpfli« mit weiteren Pflanzen. *Frei zugänglich, Kinderwagen / Rollstuhl: Ja, Start: Römerbad*

Der 2200 Meter lange **Waldlehrpfad** führt in die Gauchachschlucht. Längs des am Hang verlaufenden Schotterwegs liegen die Erlebnisstationen. Art, Alter und Höhe von Bäumen werden bestimmt, Flora und Fauna erläutert. Der Pfad kann im unteren Teil rutschig sein. Ein Abstecher führt zum »Barfußbaumlehrpfad« im Stadtteil Mundelfingen. *Frei zugänglich, Kinderwagen / Rollstuhl: Nein, Start: Wanderparkplatz Gauchachschlucht*

Am nur 1000 Meter langen **Orchideenpfad** blühen von Mai bis Juni mehr als 30 Arten dieser geschützten Pflanze. Darunter zahlreiche seltene Exemplare. Um die Schönheit des Pfades zu erhalten, sollte mit Umsicht fotografiert und die ausgewiesenen Wege nicht verlassen werden. *Frei zugänglich, Kinderwagen / Rollstuhl: Nein, Start: Ausschilderung an L 171 Richtung Hausen vor Wald*

Auskunft: *Informationsamt Hüfingen, Hauptstraße 16–18, 78183 Hüfingen, Telefon (07 71) 60 09-0, www.huefingen.de*

Ausflug ins Storchendorf

Die gut 8000 Einwohner große Kleinstadt Kandern wird erstmals 733 in einer Urkunde des Klosters St. Martin in Tours erwähnt. Das ganze Mittelalter hindurch wurde in Kandern und Umgebung Eisenerz abgebaut. Damit gelangten die Menschen zu einigem Wohlstand. Die »Kronenwirtin« war eine Schwester des Malers August Macke. Im Ortsteil Holzen klappern Störche.

Dem 1887 in Bonn geborenen und 1914 im Ersten Weltkrieg gefallenen Maler August Macke galt Kandern als zweite Heimat. Seit früher Jugend besuchte er dort seine Schwester Auguste. Viele Ölgemälde, Zeichnungen, Skizzenbücher und Aquarelle sind in Kandern entstanden. Der **August-Macke-Rundweg** führt zu Plätzen, die in Leben und Werk des Künstlers eine Rolle spielten. 10 Tafeln mit Bildern und Texten erläutern biografische und künstlerische Beziehungen. *Frei zugänglich, Kinderwagen / Rollstuhl: Ja*

Kanderns Ortsteil Holzen ist das **Storchendorf.** Auf dem Kirchturm, auf Dächern, Bäumen und im Storchengehege sind Horste angelegt. Mehr als 20 Nester sind das ganze Jahr über besetzt. Die Geschichte des Storchendorfs beginnt 1977. Das letzte Storchenpaar des Markgräflerlands war aus dem Winterquartier nicht heimgekehrt. Die Holzener beschlossen, Störche wieder anzusiedeln. Die erfolgreiche Aufzucht setzte 1979 mit sechs Storchenpaaren ein. *Frei zugänglich, Kinderwagen / Rollstuhl: Ja*

Der 3,5 Kilometer lange **Walderlebnispfad** bietet viele Einblicke in die Natur. Auf 15 Stationen wird Wissen vermittelt. Für Abwechslung sorgen ein Pirschpfad, eine Imkerei, Tierspuren, ein Barfußpfad und mehr. *Frei zugänglich, Kinderwagen / Rollstuhl: Ja, Start: Schulzentrum*

Auskunft: *Tourist-Information Kandern, Hauptstraße 18, 79400 Kandern, Telefon (0 76 26) 97 23 56, www.kandern.de*

Auf der Burg

Als Küssaberg vor 40 Jahren aus mehreren Orten gebildet wurde, benannte es sich nach der weithin das Landschaftsbild beherrschenden Küssaburg. Im Römerlager des Ortsteils Dangstetten war die 19. Legion stationiert, die im Jahr 9 n. Chr. in der Schlacht im Teutoburger Wald unterging.

Die **Küssaburg** ist 1141 urkundlich belegt. Im Dreißigjährigen Krieg brannte sie aus und wurde nicht wiederaufgebaut. Obwohl sie später als Steinbruch diente, stehen bis heute große Teile der Festungswerke. Unter ihnen das Torhaus, 15 Meter hohe Geschütztürme sowie Mauerreste der Bäckerei, der Burgkapelle und des Vorratshauses. Am besten erhalten ist der Palas, das einstige Wohngebäude. Die Küssaburg ist die größte Burgruine am Hochrhein. *Frei zugänglich. Kinderwagen / Rollstuhl: Ja*

Das **Museum Küssaberg** im alten Rathaus des Ortsteils Rheinheim zeigt in seiner Dauerausstellung Fundstücke aus dem Dangstetter Römerlager. In Wechselausstellungen von jeweils sechs bis acht Wochen Dauer werden Werke örtlicher und regionaler Künstler vorgestellt. *Geöffnet Sonntag, 14.30–17 Uhr, Kinderwagen / Rollstuhl: Nein*

Vermutlich war der **Hügel,** auf der heute die Ruine liegt, auch in keltischer Zeit schon besiedelt. Vor 2500 Jahren könnte dort eine keltische Fluchtburg gelegen haben, in die sich die Bewohner der Gegend bei Gefahr zurückzogen. Reste eines Steinwalls deuten darauf hin. Auch dürfte später auf der Höhe ein römischer Wachturm gestanden haben, dessen Besatzung die im Tal vorüberführende Heerstraße zu sichern hatte. *Frei zugänglich, Kinderwagen / Rollstuhl: Nein*

Auskunft: *Touristinfo Küssaberg, 79790 Küssaberg-Rheinheim, Telefon (0 77 41) 6 00-1 45, www.kuessaberg.info*

Spaziergang über Ländergrenzen

Seit 200 Jahren wird Laufenburg am Hochrhein nicht nur vom Wasser, sondern auch von der Politik geteilt. Napoleon bestimmte 1801 den Rhein zur künftigen Staatsgrenze. Die links des Stroms gelegene Laufenburger Altstadt fiel an die Schweiz, das rechtsrheinische Klein-Laufenburg ans Großherzogtum Baden.

Auf einem **Rundgang** lassen sich beide Städtchen erwandern. Im Badischen die Hauptstraße hinab zu Rheinuferweg, Codman-Anlage, Schlössle, Heilig-Geist-Kirche und auf die Schweizer Seite. Dort liegen am Weg Badstube, Rathaus, Wasenturm, Pfarrkirche und auf dem Schlossberg eine Burgruine. *Frei zugänglich; Kinderwagen / Rollstuhl: Nein, Faltblatt im Tourismusamt, Personalausweis für Grenzübertritt*

Zwei viereinhalb und acht Kilometer lange **Naturpfade** führen in die Umgebung. Der kürzere Weg auf badischer Rheinseite läuft zum Andelsbachfall und ist nach einer kurzen Steigung leicht zu gehen. Die andere Route verläuft auf Schweizer Seite, ist etwas schwieriger, gewährt aber sehr schöne Aussichten. *Frei zugänglich, Kinderwagen / Rollstuhl: Nein*

Östlich des badischen Laufenburg liegt die **Burgruine Hauenstein.** Von der im 10. Jahrhundert errichteten Festung stehen noch sieben Meter hohe und drei Meter starke Außenmauern. Die Burg brannte 1503 ab und wurde nicht wiederaufgebaut. Im Burghof hatte ein Knecht des Hufschmieds ein glühendes Eisen nach einer Schlange geworfen. Zum Trocknen ausgelegte Hanfbündel fingen Feuer. *Frei zugänglich, Kinderwagen / Rollstuhl: Nein*

Auskunft: *Tourismus- und Kulturamt, Hauptstraße 26, 79725 Laufenburg, Telefon (0 77 63) 8 06-51, www.laufenburg.de. Verkehrsbüro Laufenplatz, CH-5080 Laufenburg, Telefon (00 41) 6 28 74 44 55, www.laufenburg-tourismus.ch*

Radeln für Genießer

Mitten im Hochschwarzwald liegt Lenzkirch – Titisee, Schluchsee und der Feldberg sind nicht weit. Der heilklimatische Ort wird 1296 als Besitz der Grafen von Lupfen genannt. 200 Jahre später übernehmen die Grafen von Fürstenberg die Herrschaft, die sie bis ins frühe 19. Jahrhundert behalten. Südöstlich der Gemeinde ändert die Gutach (Gute Ach) ihren Namen in Wutach (Wilde Ach).

Im Sommer 2007 eröffnete Lenzkirch in den Sommerberganlagen seine **Vogelwelt.** Auf Schautafeln längs des 3,5 Kilometer langen Spazierwegs werden die heimische Vogelwelt und die Natur beschrieben. Zusätzlich gibt es handgearbeitete Holztiere, ein Rennauto, einen Brunnen zum Planschen und einen Picknickplatz. *Frei zugänglich, Kinderwagen / Rollstuhl: Ja, Start: Straße nach Kappel*

70 Jahre lang ist die Eisenbahn von Neustadt über Lenzkirch nach Bonndorf und zurück gefahren. Im Jahr 1977 wurde sie stillgelegt. Auf der Bahntrasse verläuft nun der 27 Kilometer lange **Bähnle-Radweg.** Fast ohne Steigung führt er durch Geländeeinschnitte und über Dämme. Ein Höhepunkt ist die Fahrt auf dem 46 Meter langen Klausenbach-Viadukt. *Frei zugänglich, Kinderwagen / Rollstuhl: Ja, Start Kurpark*

Die **Uhrensammlung** der Lenzkircher Uhrenfreunde im Kurhaus zeigt 90 Ausstellungsstücke aus der einstigen Uhrenfabrik Lenzkirch. Glanzstück ist eine Flötenuhr, die auf 42 Holzflöten 8 Melodien spielt. *Geöffnet täglich 8–19 Uhr, Kinderwagen / Rollstuhl: Ja*

In der Kurverwaltung des Ortsteils Kappel zeigt **Bertls Puppenstüble** 500 handgearbeitete Puppen, unter ihnen Biene Maja, Willi, Flip und Co. *Geöffnet Freitag 15–17 Uhr, Kinderwagen / Rollstuhl: Nein*

Auskunft: *Tourist-Information Lenzkirch, Am Kurpark 2, 79853 Lenzkirch, Telefon (0 76 52) 12 06-84 00, www.hochschwarzwald.de*

Wilde Täler

Schon 1270 wurde dem rund 7800 Einwohner zählenden Löffingen Stadtrecht verliehen. Erstmals urkundlich genannt wird der Ort 819. Im 18. Jahrhundert entwickelte sich die Stadt zur »Kornkammer der Baar«. In den Jahren 1534 und 1921 wurde Löffingen in großen Stadtbränden jeweils fast vollständig zerstört.

Der **Historische Stadtrundgang** berührt 19 Orte, die von Stadt und Region berichten. Das Heimatmuseum führt in die Stadtgeschichte ein, zeigt Mineralien und Fossilien, mittelalterliche Helme und Schwerter, einen Spritzenwagen der Feuerwehr von 1806 sowie eine Sammlung von Hinterglasbildern. Das **Waldbad** mit Schwimm-, Kinderplansch- und Nichtschwimmerbecken liegt idyllisch am Waldrand. *Museum geöffnet Montag bis Freitag 9–12 und 14–17.30 Uhr, Kinderwagen / Rollstuhl: Ja, Waldbad geöffnet Montag bis Freitag 9–21 Uhr,* **bei Vorlage dieses Buchs einmal freier Eintritt ins Bad**

Felsgalerien und schmale Pfade bestimmen die Wanderung in der Wutachschlucht. Der anspruchsvolle **Rundweg** überwindet auf 9 Kilometern 142 Höhenmeter, führt zur Gauchachmündung, die Gauchach aufwärts, in die Engeschlucht und zurück zum Wanderparkplatz »Drei-Schluchten-Halle«. *Frei zugänglich, Kinderwagen / Rollstuhl: Nein, Beschreibung bei der Tourist-Information, Start: Wanderparkplatz*

Zwischen Löffingen und Dittishausen liegt der **Heilkräuterlehrpfad,** der Pflanzen in ihrer natürlichen Umgebung vorstellt. Weitere 42 Kräuter, die schon die Bibel nennt, wachsen im Gärtlein vor der evangelischen Johanneskirche. *Frei zugänglich, Kinderwagen / Rollstuhl: Nein, Faltblatt bei der Tourist-Information*

Auskunft: *Tourist-Information, Rathausplatz 14, 79843 Löffingen, Telefon (0 76 52) 12 06-83 50, www.hochschwarzwald.de*

Spitzbubengeschichte

Eine Urkunde des Klosters St. Gallen von 751 erwähnt erstmals die heute 48 000 Einwohner zählende Stadt Lörrach. Die Ortsherrschaft übte jahrhundertelang die Adelsfamilie von Rötteln aus, die auf der gleichnamigen Burg saß. Erst 1682 erlangte Lörrach Stadtrechte. Die Duale Hochschule besuchen 1500 Studenten.

»Der Heiner und der Brassenheimer Müller« ist eine herrliche Spitzbubengeschichte von Johann Peter Hebel. Der Bildhauer Karl-Henning Seemann hat eine **Skulptur** entworfen, die den Zundelheiner auf einem galoppierenden Pferd zeigt. Sie steht am Lörracher Bahnhofplatz als eines von 23 Kunstwerken, die Lörrachs Fußgängerbereich beleben. *Frei zugänglich, Kinderwagen / Rollstuhl: Ja, Faltblatt bei der Touristinformation*

Das **Museum am Burghof** widmet sich dem Dreiländereck Deutschland–Schweiz–Frankreich. Die Erlebnis-Ausstellung »ExpoTriRhena« zeigt rund tausend Objekte. Das Museum nutzt eine ehemalige Tabakfabrik, die zeitweilig auch ein Gymnasium war, in dem Johann Peter Hebel unterrichtete. An Hebel, den Autor der »Alemannischen Gedichte« im Dialekt der Gegend um Lörrach, erinnert die literarische Hebel-Gedenkstätte. *Basler Straße 143, geöffnet erster Sonntag im Monat 11–17 Uhr, Hebelsaal immer kostenlos, Kinderwagen / Rollstuhl: Ja*

Oberhalb des Stadtteils Haagen liegt auf einem Bergsporn die **Burgruine Rötteln.** Die Burg war im 14. Jahrhundert eine starke Festung, wurde 1525 im Bauernkrieg geplündert, im Dreißigjährigen Krieg beschädigt und im Pfälzischen Erbfolgekrieg 1678 endgültig zerstört. *Frei zugänglich, Kinderwagen / Rollstuhl: Nein*

Auskunft: *Touristinformation, Herrenstraße 5, 79539 Lörrach, Telefon (0 76 21) 9 40 89-65, www.loerrach.de*

Rund um den guten Tropfen

Die gut 18 000 Einwohner zählende einstige Kreisstadt Müllheim wird erstmals 758 urkundlich genannt, als der Ort dem Kloster St. Gallen geschenkt wird. Seit 1698 besitzt er Marktrecht, ab 1810 Stadtrecht. Müllheim ist staatlich anerkannter Erholungsort und Garnison der Deutsch-Französischen Brigade.

Das **Markgräfler Museum** nutzt ein frühklassizistisches Stadtpalais. Das um 1780 entstandene Gebäude spiegelt den Lebensstil wohlhabender Markgräfler Weingutsbesitzer im 18. und 19. Jahrhundert wider. Das Museum ist ein bedeutendes Regionalmuseum am Oberrhein. Der historische Weinkeller zeigt die Geschichte des Markgräfler Weinbaus. Das Erdgeschoss berichtet über Geologie und Archäologie. Im ersten Obergeschoss ist eine Kunstgalerie eingerichtet. Das Dachgeschoss nimmt die Geschichte des Markgräflerlands ein. *Geöffnet Dienstag bis Sonntag 14–18 Uhr,* **Eintritt frei für Kinder, Jugendliche und Studenten,** *Kinderwagen / Rollstuhl: Nein*

Im Stadtteil Britzingen sind Reste der **Burg Neuenfels** erhalten. Der Aufstieg auf 595 Meter lohnt vor allem wegen des Ausblicks in die Rheinebene und die umliegenden Weinberge. *Frei zugänglich, Kinderwagen / Rollstuhl: Nein*

Im Winzerdorf Zunzingen unterhält das Weingut Dr. Schneider ein **Weinetikettenmuseum.** Es zählt gut 1200 Exemplare aus deutschen und internationalen Weinbaugebieten sowie zahlreiche Künstleretiketten. Das älteste Etikett stammt übrigens aus dem Jahr 1811. *Geöffnet Montag bis Samstag 14–18 Uhr, Kinderwagen / Rollstuhl: Ja*

Auskunft: *Touristik-Information, Wilhelmstraße 14, 79379 Müllheim, Telefon (0 76 31) 80 15 00, www.muellheim-touristik.de*

Brunnen beleben das Stadtbild

Um 1175 gründete Berthold IV. von Zähringen Neuenburg. Kaiser Friedrich II. erhob es 1219 zur Reichsstadt. Neuenburg wurde im Dreißigjährigen Krieg, im Holländischen Krieg und im Spanischen Erbfolgekrieg zerstört. Im 16. Jahrhundert versanken Münster und Weststadt im Rhein. Der Zweite Weltkrieg ließ wenige Gebäude unzerstört.

Im 1828 am Franziskanerplatz erbauten Rathaus ist das **Museum für Stadtgeschichte** eingerichtet. Der klassizistische Bau überstand den Zweiten Weltkrieg wenig beschädigt. Die Dauerausstellung widmet sich der Stadtgeschichte von der Gründung bis zum Übergang ans Großherzogtum Baden, der Zeit vor und nach dem Zweiten Weltkrieg, der Rheinregulierung und ihren Folgen. *Geöffnet Sonntag 10.30–12 Uhr, 14–17 Uhr, Kinderwagen / Rollstuhl: Nein*

Der **Historische Stadtrundgang** sucht die wenigen Orte und Straßenzüge auf, die in Kriegen nicht vernichtet wurden. Er führt zum Alten Schul- und Rathaus, zum Neuen Rathaus, durch die Alte Marktgasse, zum Standort des zerstörten Münsters, zum Rhein und zur Heiligkreuzkapelle. Gleichzeitig berührt er ein paar Stadtbrunnen. *Frei zugänglich, Kinderwagen / Rollstuhl: Ja, Broschüre im Rathaus*

Neuenburg hat eine Reihe ungewöhnlicher **Brunnen** in Stadt und Stadtteile gelegt. Brunnen waren von alters her lebensnotwendige Mittelpunkte in Städten und Dörfern. Sie waren Ausdruck von Wohlstand und Glück. In der Gegenwart werden sie nicht mehr als Wasserspender gebraucht, gelten statt dessen als Quellen der Freude und beleben das Stadtbild. *Frei zugänglich, Kinderwagen / Rollstuhl: Ja, Broschüre im Rathaus*

Auskunft: *Tourist-Information, Rathausplatz 5, 79395 Neuenburg am Rhein, Telefon (0 76 31) 7 91-0, www.neuenburg.de*

Im Namen der Rose

Das 1279 erstmals schriftlich genannte Nöggenschwiel liegt am Südabhang des Schwarzwalds. Im Jahr 1970 verlieh der »Verein Deutscher Rosenfreunde« (VDR) dem 630 Einwohner zählenden Ort den Ehrentitel »VDR-Rosendorf«. Damit würdigte der Verein die Liebe und die Fürsorge, die das Dorf seinen Rosen entgegenbringt.

Über den ganzen Ort verteilt blühen von Mitte Juni bis Ende Oktober mehr als 20 000 **Rosen.** Öffentliche Plätze sind mit Rosenstöcken besetzt. Die »Königin der Blumen« verzaubert Haus- und Vorgärten. Der »Rosenweg« läuft die Dorfstraße entlang. Der »Rosenwanderweg« schlängelt sich über gut 32 Kilometer ums Dorf. Im Juli finden die »Nöggenschwieler Rosentage« mit Festumzug, Tanz und Wahl der »Rosenkönigin« statt. *Frei zugänglich, Kinderwagen / Rollstuhl: Ja*

Ein Augenschmaus ist der **Sortimentsgarten** neben dem Pfarrhaus. Auf 1530 Quadratmetern stehen 2000 Pflanzen von 187 Arten. In der Anlage wird auf wissenschaftlicher Grundlage die Frosthärte von Rosen in bestimmten Höhenlagen geprüft. Zum Sortiment gehören Edelrosen, Floribunda-Beetrosen, Kletterrosen, Strauch- und Bodendeckerrosen, Rosenhochstämme und Kaskadenrosen. *Frei zugänglich, Kinderwagen / Rollstuhl: Ja*

Nahe Nöggenschwiel soll Notker der Stammler, bedeutender Gelehrter und Dichter im 9. Jahrhundert, eine Zeitlang als Einsiedler gelebt haben. Bekannt ist der um 3000 v. Chr. aufgerichtete Menhir von Nöggenschwiel. Dieser knapp zwei Meter hohe **Hinkelstein** steht 120 Meter südlich der Straße nach Bierbronnen-Bannholz auf freiem Feld. *Frei zugänglich, Kinderwagen / Rollstuhl: Nein*

Auskunft: *Tourist-Info Roseneck, Am Josef-Raff-Platz, 79809 Nöggenschwiel, Telefon (0 77 55) 15 53, www.rosendorf.de*

Ein Bibelgarten am Rhein

Rheinfelden kommt am Hochrhein doppelt vor – rechtsrheinisch auf deutscher, linksrheinisch auf Schweizer Seite. Anfang des 19. Jahrhunderts war der Rhein Staatsgrenze geworden. Damit kam der südliche Teil der Herrschaft Rheinfelden ans schweizerische Fricktal, der nördliche an Baden.

Rheinfeldens Stadtgeschichte präsentiert sich unmittelbar an der Rheinbrücke im **Haus Salmegg.** Stadtammann und Salmenwirt Franz Joseph Dietschy hat es 1825 im klassizistischen Stil errichtet. Im Dachgeschoss ist in drei Räumen die stadtgeschichtliche Dauerausstellung eingerichtet. Ein weiterer Raum steht für Wechselausstellungen zur Verfügung. Im ersten Obergeschoss zeigt der Verein für Kunst und Geschichte Sonderaustellungen. *Geöffnet Samstag, Sonn- und Feiertag 12–17 Uhr, Kinderwagen / Rollstuhl: Nein*

Im Rheinfelder Stadtteil Minseln kümmert sich das **Heimatmuseum Dinkelberg** vor allem um Land- und Hauswirtschaft vor und nach der Mechanisierung. Im Dachgeschoss des Rathauses werden auch Wasserversorgung sowie Wald- und Forstwirtschaft behandelt. Zur Ortsgeschichte ist eine Bilddokumentation zu sehen. *Geöffnet letzter Sonntag im Monat 14–17 Uhr, Kinderwagen / Rollstuhl: Nein*

Drei Kilometer rheinaufwärts liegt unmittelbar am Strom **Schloss Beuggen,** das Mitte des 13. Jahrhunderts in den Besitz des Deutschen Ritterordens gelangte. Seit 1983 ist es Tagungs- und Begegnungsstätte der Evangelischen Landeskirche in Baden. Das Schloss selbst ist Besuchern nicht zugänglich, wohl aber die zugehörige Kirche, der Schlosspark und ein Bibelgarten. *Frei zugänglich, Kinderwagen / Rollstuhl: Ja*

Auskunft: *Tourismus Rheinfelden, Kirchplatz 2, 79618 Rheinfelden (Baden), Telefon (0 76 23) 95-6 01, www.rheinfelden.de*

Weite Blicke

Der knapp 4000 Einwohner zählende Ort Rickenbach ist 1975 aus sechs bis dahin eigenständigen Gemeinden gebildet worden. Rickenbach selbst und andere Ortsteile werden erstmals im 13. Jahrhundert urkundlich genannt. Nachgewiesen ist allerdings, dass einzelne Streusiedlungen schon im 9. Jahrhundert bestanden haben.

Burg Wieladingen wurde im späten 12. Jahrhundert als Amtssitz eines Dienstmannengeschlechts des Damenstifts Säckingen auf steilem Fels über dem unteren Murgtal erbaut. Ein Rudolf von Wieladingen wird 1240 in Klosterurkunden genannt. Die Wieladinger hatten den Besitz der Stiftsdamen im Hotzenwald zu verwalten. Im frühen 15. Jahrhundert wurde die Burg aufgegeben. Sie geriet in Vergessenheit und verfiel. Als 1982 Steintore einstürzten, bildete sich ein Förderkreis zur Rettung der verbliebenen Reste. Erhalten und restauriert sind Teile des Saalbaus, eines Doppeltors und vor allem der 28 Meter hohe Bergfried mit herrlicher Aussicht ins untere Murgtal und darüber hinaus zum Hochrhein. *Frei zugänglich, Kinderwagen / Rollstuhl: Nein, Parkplatz Straße Wieladingen–Rippoldingen*

Abseits des Dorfs Rickenbach liegt am Rand einer Waldwiese ein **Energie-Museum.** Es beschreibt die

Nutzung der Wasserkraft, die als Energieträger zu allen Zeiten eine große Rolle im Hotzenwald spielte. Ausgestellt sind haus- und landwirtschaftliche Geräte, die in der Frühzeit der Mechanisierung über Transmissionen angetrieben wurden. Gezeigt werden auch unterschiedliche Typen von Wasser- und Turbinenlaufrädern, zum Teil im Freien. *Geöffnet Sonntag 14–16 Uhr, Kinderwagen / Rollstuhl: Ja*

Auskunft: *Hotzenwald Tourist Info, Hauptstraße 7, 79736 Rickenbach, Telefon (0 77 65) 92 00-17, www.rickenbach.de*

Rund um den See

Die erste sichere Nachricht über die gut 1700 Einwohner zählende Gemeinde Schluchsee enthält eine Urkunde des Klosters St. Blasien von 1125. Der Schluchsee selbst ist mit fünf Quadratkilometern Wasserfläche das größte Gewässer im Schwarzwald. Aufgestaut wurde der 62 Meter tiefe See in den Jahren 1929 bis 1932.

Der **Schluchsee** ist 7,5 Kilometer lang und 1,5 Kilometer breit. Die 250 Meter lange und 63 Meter hohe Staumauer schafft Speicherraum für 110 Millionen Kubikmeter Wasser. In einer Höhenlage um 930 Meter bleibt das Wasser im See selbst sommertags ziemlich kühl. Wassersport wie Rudern, Segeln, Surfen, Tauchen und natürlich auch Baden sind trotzdem möglich. *Frei zugänglich, Kinderwagen / Rollstuhl: Ja*

Ein 18 Kilometer langer **Rundkurs** läuft um den See herum. An der Spitze einer kleinen Halbinsel im Ort Schluchsee steht ein Aussichtspavillon mit schönem Blick übers Wasser. Tief im See liegen die alte Poststraße, der See- und der Paulhof und das Hotel Seebrugg, die beim Aufstauen des Wassers untergingen. *Frei zugänglich, Kinderwagen / Rollstuhl: Ja*

Auf Schluchsees Hausberg **Riesenbühl** steht am Fernwanderweg Pforzheim–Waldshut seit 2001 ein 36,50 Meter hoher Aussichtsturm aus Stahl und Douglasienstämmen. Seine Plattform in 25 Metern Höhe bietet einen schönen Blick auf den See, den Ort und die umliegenden Schwarzwaldhöhen. Der Riesenbühlturm ist der zweite an dieser Stelle. Sein 1931 aufgerichteter Vorgänger war 1948 während eines Frühlingssturms in sich zusammengefallen. *Frei zugänglich. Kinderwagen / Rollstuhl: Nein*

Auskunft: *Tourist-Information Schluchsee, 79859 Schluchsee, Fischbacher Straße 7, Telefon (0 76 52) 12 06-85 00, www.hochschwarzwald.de*

Verzagte Revolution

Die 19 000 Einwohner große Stadt Schopfheim weist römische Siedlungsspuren auf. Ab Mitte des 7. Jahrhunderts kamen die Alemannen ins Land, die den Ortsnamen einführten. Schriftlich erwähnt wird Schopfheim erstmals 807 in einer Urkunde des Klosters St. Gallen. Schon 1250 erhielt es Stadtrechte und gilt als älteste Stadt im Markgräflerland.

Das Wasser im **Eichener See** kommt und geht in großen Zeitabständen. Geologisch ist der See eine wassergefüllte Doline, eine eingestürzte Höhle im Karstgestein, die zeitweilig unter Wasser steht. In Trockenzeiten fällt der Grundwasserspiegel bis in 40 Meter Tiefe. Bei Regen füllen sich die Hohlräume im Muschelkalk sehr schnell, leeren sich anschließend sehr langsam. *Frei zugänglich, Kinderwagen / Rollstuhl: Ja, Start: Ortsmitte Eichen*

Für zwei Tage kam die Badische Revolution 1848 nach Schopfheim, woran ein **Denkmal** in der Hauptstraße erinnert. Die Aufständischen ließen sich bewirten und wollten das Volk für ihre Ideen gewinnen. Zwei Schopfheimer und ein Hund schlossen sich den Revolutionären an. Im Jahr darauf empfing die Stadt ebenso freundlich die preußischen Soldaten, die der Revolution in Baden ihr Ende bereiteten. *Frei zugänglich, Kinderwagen / Rollstuhl: Ja*

Die **Hohe Flum** ist mit 536 Metern die höchste Erhebung des Höhenzugs Dinkelberg. Der dort 1874 aufgerichtete steinerne Aussichtsturm ist 13 Meter hoch. Zur Aussichtsplattform mit schönem Ausblick ins Wiesental, zum Belchen, bei guter Fernsicht auch ins Berner Oberland führen 59 Stufen einer Holztreppe. *Frei zugänglich, Kinderwagen / Rollstuhl: Nein*

Auskunft: *Tourist Information, Hauptstraße 23, 79650 Schopfheim, Telefon (0 76 22) 39 61 45, www.suedwaerts.com*

Von der Fichte zum Kunstwerk

Die Geschichte der Gemeinde St. Blasien ist mit ihrem 858 erstmals erwähnten Benediktinerkloster eng verbunden. Die Säkularisation löste 1806 die Abtei auf. Im Kloster ist ein von Jesuiten geleitetes Kolleg mit Internat untergebracht. St. Blasien besitzt eine der bekanntesten Lungenheilstätten Deutschlands.

Der zwischen 1768 und 1783 nach einer Brandkatastrophe neu errichtete **Dom St. Blasius** gilt als eins der bedeutendsten frühklassizistischen Bauwerke in Süddeutschland. Ein erneuter Brand im Februar 1874 vernichtete die gesamte Ausstattung. Im frühen 20. Jahrhundert wurde die Kirche wiederhergestellt. Grundmaß im Kircheninnern sind die 18 Meter hohen Säulen. Multipliziert mit zwei ergeben sich der Durchmesser der Rotunde, die Länge des Mönchschors und die Höhe der Kuppel. *Geöffnet Sommer 8–18 Uhr, Winter 8.30–17 Uhr, Kinderwagen / Rollstuhl: Ja*

Seit 1995 veranstaltet St. Blasien Symposien für Holzbildhauer mit der Aufgabe, binnen einer Woche aus dem Stamm einer Schwarzwaldfichte ein Kunstwerk zu machen. Innenstadt und Domgelände sind mit vielerlei **Skulpturen** bestückt. *Frei zugänglich, Kinderwagen / Rollstuhl: Ja*

Ein **Wildgehege** mit Dam-, Rot-, Sika- und Schwarzwild liegt im Waldgelände nordwestlich des Orts. Die Muchenländer Straße führt vom Stadtzentrum direkt zum Waldparkplatz mit Kneippanlage. Von dort sind es zu Fuß auf der Waldstraße gut 500 Meter. Mehr als doppelt so lang, aber viel reizvoller ist der markierte Serpentinenweg im dichten Wald. *Frei zugänglich, Kinderwagen / Rollstuhl: Nein*

Auskunft: *Tourist-Info, Am Kurgarten 1–3, 79837 St. Blasien, Telefon (0 76 72) 4 14 30, www.stblasien.de*

Ruine über der Fauststadt

Die einstige Burg Staufen, im 11. Jahrhundert auf dem jäh aus der Rheinebene aufsteigenden Schlossberg erbaut, diente vermutlich zum Schutz des Silberbergbaus im Münstertal. Im »Gasthaus Löwen« kam 1539 infolge einer chemischen Explosion der Magier und Alchimist Dr. Johann Georg Faust ums Leben.

Staufen nennt sich »Fauststadt«. Ihr bisher berühmtester Einwohner war der Doktor Faust. Diese histo-

rische Figur übernahm Johann Wolfgang Goethe in sein gleichnamiges Drama als Muster für den nach Erkenntnis strebenden Menschen. Zum **Gasthaus Löwen,** in dem Faust bis zu seinem plötzlichen Tod gewohnt hatte, führt heute jeder Altstadtrundgang. An der Fassade ist in Schrift und Bild festgehalten, wie Mephistopheles dem Doktor Faust das Genick bricht und ihn in die ewige Verdammnis entführt. *Frei zugänglich, Kinderwagen / Rollstuhl: Ja, Faltblatt Stadtbummel in der Tourist-Information*

Herren der **Burg Staufen** waren bis zum Erlöschen des Geschlechts im Jahr 1602 die Freiherren von Staufen als Dienstleute der Zähringer Herzöge. Im Dreißigjährigen Krieg brannten schwedische Truppen Stadt und Burg nieder. Die Burgruine wurde nicht wieder aufgebaut. Sie macht noch immer einen starken Eindruck. Aus der Altstadt führt ein Fußweg in 20 Minuten hinauf. *Immer frei zugänglich, Kinderwagen / Rollstuhl: Nein*

Das **Stadtmuseum** im Rathaus präsentiert im Erdgeschoss Themen rund um Faust. Das erste Obergeschoss bietet neben einer Ausstellung zur Revoloution 1848 eine Multi-Media-Station mit einem Rundflug um die mittelalterliche Burg und die Stadt. *Geöffnet Montag 8–12 und 14–18 Uhr, Dienstag bis Freitag 8–12 Uhr, Samstag und Sonntag 14–17 Uhr, Kinderwagen / Rollstuhl: Nein*

Auskunft: *Tourist-Information, Hauptstraße 53, 79219 Staufen, Telefon (0 76 33) 8 05 36, www.staufen.de und www.muenstertal-staufen.de*

Durch den Bike-Park

Waldshut-Tiengen wurde 1975 bei der Gemeindereform gebildet. Hinzu kamen weitere neun bis dahin eigenständige Ortschaften. Die Doppelstadt zählt heute annähernd 23 000 Einwohner. Der Stadtteil Tiengen wird schon Mitte des 9. Jahrhunderts genannt, wird im 12. Jahrhundert Stadt und ist ab 1482 Sitz der Landgrafen im Klettgau.

Zu 23 historischen Plätzen und Bauwerken führt der **Stadtrundgang,** darunter die barocke Pfarrkirche, Altes, Neues und Kleines Schloss, der Storchenturm von 1300 als Eckpfeiler der alten Stadtbefestigung und ein gutes Stück Stadtmauer. Wahrzeichen Tiengens ist das Alte Schloss, das allerdings nur ein ehemaliger Wohnturm ist. Im Neuen Schloss ist das »Klettgau-Museum« eingerichtet. Es besitzt eine heimatkundliche Sammlung archäologischer Fundstücke aus dem Klettgau. Wie in Waldshut gibt's auch im Rathaus Tiengen einen Kinderstadtplan. *Frei zugänglich, Kinderwagen / Rollstuhl: Ja, Faltblatt in der Tourist-Info*

Auf dem »Hohen Brand« oberhalb der Tiengener Altstadt steht der 37 Meter hohe **Aussichtsturm Vitibuck.** Er wurde 1978 errichtet, nachdem vier Jahre zuvor der Vorgängerturm von 1936 niedergebrannt war. Von der überdachten Plattform bietet sich

ein guter Fernblick über Tiengen, das untere Wutachtal bis hin zur Ruine der Küssaburg und in die Schweiz hinein. Am Fuß des Turms liegen ein Wanderparkplatz, eine Grillstelle und ein Spielplatz. *Frei zugänglich, Kinderwagen /Rollstuhl: Nein*

Im Schlüchttal zwischen Tiengen und dem Stadtteil Gurtweil liegt das erst 2010 unter dem Namen »Bike-Park« eröffnete BMX-Gelände. Es darf mit jeder Art Rad befahren werden. Die einzige Auflage besteht darin, Schutzhelm zu tragen. *Frei zugänglich, Kinderwagen /Rollstuhl: Nein*

Auskunft: *Tourist-Info Waldshut, Wallstraße 26, 79761 Waldshut-Tiengen, Telefon (0 77 51) 8 33-2 00, www.waldshut-tiengen.de*

Schokobaum und Wasserpfad

Das knapp 12 000 Einwohner große Titisee-Neustadt wurde in den Jahren 1971 bis 1974 gebildet. Titisee als älterer Stadtteil wird 1111 urkundlich genannt, Neustadt 1250 von den Fürsten zu Fürstenberg gegründet. Der namengebende Titisee ist 1,3 Quadratkilometer groß und 42 Meter tief.

Die **Neustadttour »Kunst + Erlebnis + Kultur«** umfasst zwei kurzweilige Rundgänge durch den Stadtteil Neustadt. Die kurze Erlebnistour von rund 1,5 Stunden berührt lauter witzige Dinge wie ein Spielhaus für kleine Leute, eine Schreiblerntafel, das Sehtestmännle, Kunstausstellungen, Schablonenmenschen, den Schokoladenbaum. Die große Tour ist um den denkmalgeschützten Friedhof, den Steinweiher, den Kurgarten und das Münster von 1912 erweitert. Dafür braucht man rund 2 Stunden. *Frei zugänglich, Kinderwagen / Rollstuhl: Ja, Faltblatt in der Tourist-Information*

Eine **Erlebnistour** rund um das Thema Wasser hat der Stadtteil Titisee angelegt. Auf einer Strecke von knapp 1,5 Kilometern sind 16 Schautafeln aufgestellt. Da geht es um Fließ- und Stillgewässer, um Lebewesen im Wasser, um Wasser und Energie, um Quellen, um Trink- und Abwasser, um den Kreislauf des Wassers, um Pflanzen am Wasser. Das ist keine Belehrungstour, obwohl sie viel lehrt. Am schönsten ist, dass jede Tafel eine kleine Aufgabe für junge Leute formuliert. Nicht sehr schwierig, aber zum Nachdenken anregend. *Frei zugänglich, Kinderwagen / Rollstuhl: Ja, Start: Eisweiher in Titisee*

Auskunft: *Tourist-Information Titisee-Neustadt, Strandbadstraße 4, 79822 Titisee-Neustadt, Telefon (0 76 52) 12 06-81 20, www.hochschwarzwald.de*

Spielen und skaten

Der heilklimatische Kurort Todtmoos wird 1267 erstmals schriftlich genannt. Im Jahr zuvor wurde die Pfarrkirche errichtet, die 1627 nach einem Brand wiederaufgebaut und im 18. Jahrhundert barock erneuert wurde. Seit 1975 werden in Todtmoos internationale Schlittenhunderennen ausgetragen.

Gegenüber dem alten liegt seit 1980 der neue Kurpark mit Kurhaus, Spielplatz, Wassertret- und Skateanlage und der zierlichen, schindelgedeckten Spitze des alten Hochkopfturms. Sie wurde dort hingestellt, als der Hochkopf einen neuen Turm bekam. *Frei zugänglich, Kinderwagen / Rollstuhl: Ja*

Auf dem 1263 Meter hohen Todtmooser Hausberg Hochkopf wurde 1925 erstmals ein Aussichtsturm errichtet. Als 1982 der neue Turm aufgestellt wurde, kam die alte Spitze in den Kurpark. Der **Hochkopfturm** bietet eine gute Fernsicht über den Schwarzwald, bei günstiger Wetterlage bis zu den Schweizer Alpen. *Frei zugänglich, Kinderwagen / Rollstuhl: Nein*

Über 27 Kilometer zieht der **»Wehratal-Erlebnispfad«** von Todtmoos durch eine abwechslungsreiche Natur- und Kulturlandschaft die Wehra hinunter zur Kleinstadt Wehr. Am Weg erschließen 30 Schautafeln Geologie, Biologie und Ökologie des Tals, vergessen sind auch Sagen und Volksfrömmigkeit nicht. *Frei zugänglich, Kinderwagen / Rollstuhl: Nein, Broschüre in der Tourist-Information*

Ab Anfang Mai werden donnerstags um 13.30 Uhr drei- bis vierstündige **geführte Wanderungen** angeboten. Auch gibt es Bergwerks- und Museumsführungen für Kinder bis 16 Jahren und Familienwanderungen mit dem Förster ins Reich der Riesen. *Termine bei der Tourist-Information*

Auskunft: *Tourist-Information, Wehratalstraße 19, 79682 Todtmoos, Telefon (0 76 74) 90 60-0, www.todtmoos.de*

Barfuß im Gebirgsbach

Erstmals urkundlich genannt wird das 2550 Einwohner große Todtnau im Jahr 1025. Im Mittelalter gilt der Ort als Zentrum des Silberbergbaus im südlichen Schwarzwald. Das heutige Todtnauer Ortsbild ist Ergebnis des Wiederaufbaus im späten 19. Jahrhundert. Denn ein Großbrand hatte den Ort 1876 in Schutt und Asche gelegt.

Der Glasbläserhof in Todtnau-Aftersteg veranstaltet (kostenpflichtige) Führungen in der Mundblashütte und im Glasmuseum. Kostenfrei ist der Besuch im **Glaswarenladen** und im ganzjährig geschmückten **Weihnachtsdorf** – eine bunte Glitzerwelt mit mehr als 50 mundgeblasenen und handdekorierten Baumschmuckserien. Im Freien ist eine der größten Holzfigurenkrippen des Schwarzwalds aufgebaut. *Talstraße 6, geöffnet täglich 9–16.30 Uhr, Kinderwagen / Rollstuhl: Ja*

Der Ferienlandfuchs Max begleitet Wanderer auf dem **Walderlebnispfad.** 11 Stationen liegen am Weg. Los geht's mit »Wolfsgeheul«. Max fragt nach dem Märchen, in dem ein Wolf auftritt, will wissen, wie hoch und alt bestimmte Bäume sind. »Schlauer Fuchs« dürfen sich am Ende alle nennen, die seine Fragen korrekt beantwortet haben. *Frei zugänglich, Kinderwagen / Rollstuhl: Nein, Start: Feldbergstraße*

Der Muggenbrunner **Barfußpfad** ist gut 600 Meter lang. Schön in die Landschaft gelegt, verläuft er fast nur auf Naturboden. Die nackten Füße stapfen über Rindenmulch und Laub, über Fichtenzapfen, -reisig, -häcksel, durch Schlamm, auf Hobelspänen, Kies und Sand. Ein Stück weit geht es in einem Gebirgsbach mit eisig kaltem Wasser voran. *Immer frei zugänglich, Kinderwagen /*

Rollstuhl: Nein, Start: Einfahrt Campingplatz

Seit August 2009 steht auf dem Hasenhorn südöstlich von Todtnau ein **Aussichtsturm.** Der Rundumblick erfasst die höchsten Schwarzwaldgipfel, die Vogesenkette und bei passender Wetterlage den Schweizer Jura. *Immer frei zugänglich, Kinderwagen / Rollstuhl: Nein, Start: Parkplatz Gisiboden, 2 km zu Fuß*

Auskunft: *Tourist-Information Todtnau, Meinrad-Thoma-Straße 21, 79674 Todtnau, Telefon (0 76 71) 9 69 69-5, www.bergwelt-suedschwarzwald.de*

Für Spielefans

Waldshut-Tiengen wurde 1975 im Rahmen der Gemeindereform gebildet. Hinzu traten weitere neun bis dahin eigenständige Ortschaften. Die Doppelstadt zählt heute annähernd 23 000 Einwohner. Der Stadtteil Waldshut wurde 1242 von Graf Albrecht IV. von Habsburg gegründet und gehörte bis 1803 zu Österreich.

Seit 1971 unterhält ein Trägerverein das 22 Hektar große **Wildgehege** mit Rot-, Dam- und Sikahirsch, Wildschwein, Steinbock, Waschbär und Eule. Hinzu kommen Goldfasan, Rebhuhn, Kaninchen, Meerschweinchen und zum Streicheln Zwergziegen. Es gibt einen Spielplatz, Grillplätze, einen Walderlebnispfad und – im Sommer – einen Kiosk mit Speisen und Getränken. *Am Sonnenrain 4, Geöffnet Sommer 8–20 Uhr, Winter 9–18 Uhr, Kinderwagen / Rollstuhl: Ja, Spende erwünscht*

Der **Geschichtliche Führer** leitet den Besucher in der Altstadt zu 30 historischen Plätzen und Bauwerken, darunter im Fußgängerbereich Kaiserstraße das Basler und das Schaffhauser Tor. Auch zur Spitalkapelle aus dem 15. Jahrhundert, zum Museum »Alte Metzig«, zum Hexenturm und zur Kalvarienbergkapelle führt der Rundgang. *Frei zugänglich, Kinderwagen / Rollstuhl: Ja, Faltblatt »Geschichtlicher Führer« in der Tourist-Info Waldshut*

Im Rathaus gibt es einen Kinderstadtplan. Er zeigt die schönsten Stellen zum Spielen in der Stadt. Dazu gehören Spiel- und Bolzplätze, auch Rodelbahnen, Grillplätze, Wildgehege und Orte, an denen Drachen aufsteigen können. Die **Brettspielothek** im Kornhaus verleiht Brettspiele für jede Altersgruppe. *Brettspielothek Bismarckstraße 12, geöffnet Oktober bis März Donnerstag 15–17 Uhr*

Auskunft: *Tourist-Info Waldshut, Wallstraße 26, 79761 Waldshut, Telefon (0 77 51) 8 33-2 00, www.waldshut-tiengen.de*

Rund um den Schwarzwald

Wo kommt der Strom her?

Fessenheim liegt im Elsass. Von dort stammen die Eltern Victor Schoelchers (1804–1893), der als Abgeordneter der Nationalversammlung 1848 die Abschaffung der Sklaverei in Frankreich durchsetzte. Westlich von Fessenheim liegen an Rhein und Rheinseitenkanal ein Kern- und ein Wasserkraftwerk.

Vier Turbinen des **Wasserkraftwerks** erzeugen täglich 180 Megawatt, die mit einer Spannung von 225 000 Volt ins Netz eingespeist werden. Besucher werfen vom Balkon im Maschinenhaus einen Blick auf die Stromerzeuger. Die Treppe links am Werk führt hinein. Der Balkon liegt hinter der zweiten Tür. *Geöffnet Winter 8–17 Uhr, Sommer 8–19 Uhr, Kinderwagen / Rollstuhl: Nein*

Nah dem Wasserkraftwerk zeigt das **Haus der Energien** eine 700 Quadratmeter große Ausstellung zum Thema Energie. Interaktive Modelle, spielerische Experimente, erläuternde Kurzfilme und dreisprachige Informationstafeln beantworten Fragen zur Stromerzeugung mit Wasser, Wind, Sonne und Uran. *Geöffnet 1. Juni bis 30. September täglich 14–18 Uhr, andere Monate Mittwoch und Sonntag 14–17 Uhr, Kinderwagen / Rollstuhl: Ja*

Zwischen Rhein und Rheinseitenkanal liegt die **Schleuse Fessenheim.** Die beiden Kammern sind 23 Meter tief und 185 Meter lang bei einer Breite von 12 und 23 Metern. Die kleinere Kammer (34 880 Kubikmeter) wird in 5 Minuten gefüllt und geleert, die größere (66 800 Kubikmeter) in 10 Minuten. Täglich passieren 60 bis 80 Schiffe und Schubverbände mit Tragfähigkeiten von 400 bis 3800 Tonnen die Schleuse. *Frei zugänglich, Kinderwagen / Rollstuhl: Ja*

Auskunft: *Maison des Energies EDF, BP15, F-68740 Fessenheim, Telefon (00 33) 3 89 83 51 23, www.aufildurhin.com*

Schiffe in der Schleuse

Östlich der französischen Gemeinde Gambsheim wurde 1974 die Rheinstaustufe Gambsheim–Rheinau in Betrieb genommen. Sie staut Europas drittlängsten Strom zu einer Höhe von 11 und einer Breite von 1500 Metern. Ihre Schleuse ist die größte Binnengewässerschleuse Frankreichs.

Die beiden 270 Meter langen und 24 Meter breiten Schleusenkammern werden binnen sieben Minuten mit je 70 000 Tonnen Wasser gefüllt. Zum Schleusen braucht ein Schiff einschließlich Einfahren, Festmachen, Losmachen und Ausfahren eine Viertelstunde. Täglich passieren rund 100 Schiffe und Schubverbände mit Tragfähigkeiten bis zu 14 000 Tonnen die **Schleuse.** Unterhalb der Straßenbrücke erzeugt das Wasserkraftwerk 650 Millionen Kilowattstunden Energie. *Frei zugänglich, Kinderwagen / Rollstuhl: Ja*

Seit 2006 besitzt die Staustufe eine **Fischtreppe.** Sie hat zwei Einstiege mit starker Strömung für Langstreckenwanderer wie Aal, Lachs, Meerforelle und einen dritten Einstieg mit nur geringer Strömung für örtliche Fischarten wie Äsche, Brachse, Ukelei. Am oberen Treppenende werden die aufsteigenden Fische von einer Videokamera gefilmt und gezählt. In den Jahren 2006 bis 2009 passierten 188 000 Fische den Aufstieg, unter ihnen 83 000 Aale, 44 000 Brachsen, ein Flussbarsch und ein Felchen. *Aussichtsterrasse frei zugänglich, (kostenpflichtiges) Besucherzentrum geöffnet März bis Oktober Mittwoch bis Montag 10–13 und 14–18 Uhr, November und Januar Sonntag 14–17 Uhr, Februar und März Sonntag 10–12.30 und 14–17 Uhr*

Auskunft: *Passage 309 – Rheinareal Gambsheim/Rheinau, Tourismuspavillon, Aux ecluses du Rhin, F-67760 Gambsheim, Telefon (00 33) 3 88 96 44 08, www.passage309.eu*

Über die Grenze

Mit rund 400 Einwohnern ist Kaiserstuhl die kleinste Stadt der Schweiz, zugleich der Fläche nach die kleinste Gemeinde im Kanton Aargau. Ihr gegenüber liegt auf der anderen Rheinseite mit 3660 Einwohnern die deutsche Gemeinde Hohentengen. Eine alte Brücke verbindet beide Orte seit dem frühen 13. Jahrhundert.

Kaiserstuhls **Altstadt** steht komplett unter Denkmalschutz. Ein Bummel durchs »Städtle« berührt elf historische Orte. Er sucht das Amtshaus von 1563 auf, den Widderbrunnen von 1615, die mit prachtvollen Rokoko-Elementen geschmückte Pfarrkirche, die Stadtmauer, schließlich den heiligen Nepomuk auf der Rheinbrücke und drüben in Hohentengen das Schloss Rötteln, dessen Turm um 1200 errichtet wurde. Unters Dach des aus dem 13. Jahrhundert stammenden Oberen Turms führen 127 Holzstufen. Der Kinderspielplatz Blöleboden wurde 2006 von der Aargauischen Waldwirtschaft für die beispielhafte Nutzung des Rohstoffs Holz ausgezeichnet. *Frei zugänglich, Turm geöffnet Mai bis Oktober Samstag und Sonntag 14–17 Uhr, Kinderwagen / Rollstuhl: Nein*

Der **Rheinuferweg** zu beiden Seiten des Stroms ist zugleich ein Kunstpfad. Seine zehn Skulpturen wurden im Jahr 2000 von schweizerischen und deutschen Künstlern geschaffen. Die 9,5 Kilometer lange Wanderung beginnt auf deutscher Seite am Rheinufer von Hohentengen, führt stromaufwärts zum Kraftwerk Eglisau, wechselt dort auf die Schweizer Rheinseite und läuft stromabwärts nach Kaiserstuhl. *Frei zugänglich, Kinderwagen / Rollstuhl: Nein*

Auskunft: *Verkehrsamt Hohentengen, Kirchstraße 4, 79801 Hohentengen, Telefon (0 77 42) 8 53 50, www.hohentengen.de, Gemeinde Kaiserstuhl, Dorfstraße 1, CH-5332 Rekingen, Telefon (00 41) 5 62 65 00 30, www.kaiserstuhl.ch*

Festung im Weltkulturerbe

Am Ende des 17. Jahrhunderts sicherte Frankreich seine östlichen Landesteile gegen befürchtete deutsche Truppeneinmärsche mit starken Sperrfestungen. Gegenüber der deutschen Stadt Breisach legte Festungsbaumeister Sébastien le Prestre de Vauban in freier Natur mitten in Wäldern und Feldern der elsässischen Rheinebene die Festung Neuf-Brisach an.

Das fast unverändert erhaltene **Festungswerk** in der Form eines achtzackigen Sterns bietet einer ganzen Kleinstadt Raum. Die dem Mauerwerk in den zahlreichen Kriegen des 19. und 20. Jahrhunderts zugefügten Schäden sind behoben. Die Festung zeigt sich heute, wie sie vor gut 300 Jahren errichtet wurde. Die gesamte Anlage gehört seit 2008 zum Weltkulturerbe der UNESCO. Im »Office de Tourisme« erhält der Besucher einen Plan des kompletten Festungswerks. Mit seiner Hilfe wandert er in rund anderthalb Stunden »Auf den Spuren der Geschichte« durch Stadt, Festung und Historie. *Frei zugänglich, Kinderwagen / Rollstuhl: Ja*

Am Rheinseitenkanal zwischen Breisach und Neuf-Brisach wurde 1959 nach dreijähriger Bauzeit das **Wasserkraftwerk »Vogelgrun«** in Betrieb genommen. Mit seinen vier Turbinen erzeugt es jährlich 800 Gigawattstunden Strom, den Jahresbedarf einer Großstadt wie Freiburg. Eine Aussichtsplattform bietet direkten Einblick in den Turbinenraum. Die Schleuse Vogelgrun passieren jährlich rund 20 000 Schiffe, überwiegend Schleppkähne. Die beiden Schleusenkammern sind knapp 20 Meter tief. Der »Garten der Nixen« widmet sich der Naturlandschaft des Rheins. *Geöffnet Mai bis September 8–19 Uhr, Oktober bis April 8–17 Uhr, Kinderwagen / Rollstuhl: Ja*

Auskunft: *Point information 6, Place d' Armes, F-68600 Neuf-Brisach, Telefon (00 33) 3 89 72 56 66, www.tourisme-rhin.com*

Älteste Stadt im Elsass

Die elsässische Gemeinde Ottmarsheim liegt am Rheinseitenkanal. Die Gegend war schon besiedelt, als im 1. Jahrhundert die Römer ins Land drangen. Durch den Ort verlief die Handels- und Heerstraße Mainz–Straßburg–Basel als Teil der Fernverbindung zwischen Italien und den Niederlanden.

Im frühen 11. Jahrhundert gründete Rudolf von Altenburg das **Benediktinerkloster Ottmarsheim.** Er konnte sich die hohen Ausgaben leisten, weil seine Familie gute Einkünfte aus ihren Besitzungen im Elsass und in der Schweiz zog. Als Vorlage des Kirchenbaus diente die Pfalzkapelle Karls des Großen in Aachen. Im Prinzip besteht die Ottmarsheimer Abteikirche aus zwei konzentrisch angeordneten regelmäßigen Achtecken. Über das weite äußere Achteck ragt das höhere innere hinaus. Die christliche Tradition verlangte von Kirchenbauten die Ausrichtung zum Heiligen Land, die mit einer achteckigen Form nicht möglich ist. Deshalb wurde der Abteikirche auf der Ostseite ein Chor, im Westen ein Glockenturm angefügt. Im 15. und 16. Jahrhundert erhielt die Kirche weitere Anbauten. Die ursprünglich durch acht kleine Fenster im oberen Teil des zentralen Achtecks nur ungenügend belichtete Kirche wirkte im Innern stets dunkel.

Um die Helligkeit zu steigern, wurden im 19. Jahrhundert ins untere Achteck Korbbogenfenster, über diesen doppelbogige Zwillingsfenster eingebrochen. Die Klosterkirche ist das älteste Bauwerk im Elsass. Die Burgen auf den Vogesenausläufern wurden erst im 12. und 13. Jahrhundert erbaut. *Frei zugänglich, Kinderwagen / Rollstuhl: Ja*

Auskunft: *Mairie,*
20, rue du Général de Gaulle,
F-68490 Ottmarsheim,
Telefon (00 33) 3 89 26 27 57,
www.ottmarsheim.com

Der Pestdoktor im Museum

Rheinfelden heißen zwei Städtchen am Hochrhein, eines im Schweizer Kanton Aargau, das andere im badischen Landkreis Lörrach. Als Anfang des 19. Jahrhunderts der Rhein Staatsgrenze wurde, bedeutete dies das Ende der alten Herrschaft Rheinfelden.

Ein Besuch im **Fricktaler Museum** öffnet Fenster in die Vergangenheit. Geschichten werden erzählt von den Menschen im Fricktal und in Rheinfelden, von ihrem Leben und Sterben, von Freud und Leid. Verschiedene Sammlungsschwerpunkte machen mit Ur- und Frühgeschichte, Mittelalter und Neuzeit vertraut. Ein schwarz ausgeschlagener Raum erinnert an die Pestepedimien. Da steht – durchaus schauerlich anzusehen – auch der Pestdoktor. Die Geschichte der noch heute in Rheinfelden aktiven Sebastiani-Bruderschaft, die in der Weihnachts- und in der Neujahrsnacht an den Stadtbrunnen alte Lieder singt, reicht bis in die Pestzeiten des 15. und 16. Jahrhunderts zurück. *Geöffnet Mai bis Dezember, Dienstag, Samstag, Sonntag 14–17 Uhr, Kinderwagen / Rollstuhl: Nein*

Rheinfelden gilt als älteste Zähringerstadt der Schweiz. Der **Stadtrundgang** führt zum imposanten Rathaus, zur Gerichtslaube und in den Ratssaal. »Geschichte erzählt Geschichten« steht als Thema über den Führungen. Das Glockenspiel im Rumpel berichtet vom Schneider, der Rheinfelden vor den schwedischen Truppen rettete. *März bis November erster Samstag im Monat 14 Uhr, Treffpunkt Rathausinnenhof, Kinderwagen / Rollstuhl: Nein*

Auskunft: *Tourismus Rheinfelden, Stadtbüro, Marktgasse 16, CH-4310 Rheinfelden, Telefon (00 41) 6 18 35 52 53, www.tourismus-rheinfelden.ch*

Fähre nach Frankreich

Als Folge einer der größten Überschwemmungen des Rheins liegt Rhinau seit dem Jahr 1542 in zwei Ländern. Im Elsass westlich des Rheins leben im Städtchen Rhinau 2500 Einwohner. Auf dem Ostufer des Rheins unterhält die Gemeinde Felder, Wälder und Wiesen. Der rechtsrheinische Grund und Boden ist gemeindefreies Gebiet in Baden-Württemberg.

Die **Fähre »Rhenanus«** bringt Menschen, Tiere und Fahrzeuge hinüber und herüber. Sie setzt jährlich gut anderthalb Millionen Passagiere über. Im Normalbetrieb quert sie den Strom viertelstündlich. Im Hochbetrieb wird ohne Unterbrechung gefahren. Zwischen 1. April und 31. Oktober haben landwirtschaftliche Fahrzeuge bis 20 Uhr Vorfahrt. Regelmäßiger Fährbetrieb in Rhinau ist schon für 1494 nachgewiesen. *Geöffnet 7.30–19 Uhr, Kinderwagen / Rollstuhl: Ja*

Südlich der Ortschaft Rhinau erstreckt sich auf französischer Seite zwischen Rhein und Rheinseitenkanal eine gut 10 Kilometer lange Insel, die **Ile de Rhinau.** Ihr südlicher Teil ist Naturschutzgebiet mit ungewöhnlichem Reichtum an seltenen Tieren und Pflanzen. Der »Taubergießen« auf dem Ostufer des Rheins steht seit 1979 unter Naturschutz. Er bildet eine urtümliche Landschaft. Überflutungen aus dem Rhein haben Altwasser und urwaldähnliche Auwälder entstehen lassen. *Frei zugänglich, Kinderwagen / Rollstuhl: Nein*

Vier Kilometer südlich des Orts Rhinau liegen im Rheinseitenkanal **Schleuse und Kraftwerk Rhinau.** Täglich werden durchschnittlich 80 Schiffe geschleust. *Geöffnet Mai bis September 8–19 Uhr, Oktober bis April 8–17 Uhr, Kinderwagen / Rollstuhl: Nein*

Auskunft: *Office du Tourisme, F-67860 Rhinau, Telefon (00 33) 3 88 74 68 96, www.rhinau.com*

Gewaltiges Naturschauspiel

Schaffhausen – bekannt vor allem wegen des Rheinfalls – ist die nördlichste Stadt der Schweiz. Sie war immer ein wichtiger Warenumschlagplatz. Güter, die per Schiff vom Bodensee kamen, mussten den Wasserfall auf dem Landweg umgehen. Schon 1045 besaß die Stadt Münzrecht.

Der **Rheinfall von Schaffhausen** liegt tatsächlich auf dem Gebiet der Gemeinde Neuhausen. Auf 150 Metern Breite stürzen je Sekunde 750 000 Liter Rheinwasser über mehrere Stufen 23 Meter in die Tiefe – ein gewaltiges Naturschauspiel. Von beiden Ufern fahren Ausflugsschiffe an die schäumenden Katarakte heran. Der Felsen in der Mitte des Wasserfalls lässt sich über eine Treppe ersteigen. *Aussichtsterrasse frei zugänglich, Kinderwagen / Rollstuhl: Ja, Grenzübertritt: Personalausweis*

Das um 1100 errichtete **Allerheiligenmünster** hat den romanischen Stil der Hirsauer Bauschule bis heute unverändert bewahrt. Sein um 1200 erbauter Glockenturm gilt als einer der schönsten Kirchtürme der Schweiz. Der im 12. und 13. Jahrhundert entstandene romanisch-gotische Kreuzgang umfängt einen romantisch verschwiegenen Garten, in dem von 1582 bis 1874 verdiente Schaffhauser Bürger bestattet wurden. *Frei zugänglich, Kinderwagen / Rollstuhl: Ja*

Die **Altstadt** setzt sich mit ihren stillen Gassen und vielerlei Fassadenmalerei aus unterschiedlichen Epochen ganz wunderbar in Szene. Sehenswert das Haus zum Ritter und sehr markant die 171 über die ganze Altstadt verstreuten Hauserker. Auch zahlreiche prächtig ausgestattete Brunnen lassen sich bestaunen. *Frei zugänglich, Kinderwagen / Rollstuhl: Ja*

Auskunft: *Schaffhauserland Tourismus, Herrenacker 15, CH-8201 Schaffhausen, Telefon (00 41) 5 26 32 40 20, www.schaffhauserland.ch*

Münster, Altstadt, Flammkuchen

Straßburgs Stadtkern gehört seit 1988 zum Weltkulturerbe der UNESCO. Es ist nicht möglich, die Stadt mit ihrem vielfältigen Angebot an Ausflugszielen im Rahmen dieses Führers angemessen vorzustellen. Deshalb werden hier einige wenige Ziele angeführt, die auf einer Straßburgvisite nicht fehlen sollten.

Liebfrauenmünster: Meisterwerk gotischer Baukunst, begonnen 1015, abgeschlossen 1439. *Geöffnet täglich 7–11.20 Uhr, 12.35–19 Uhr, Kinderwagen / Rollstuhl: Ja*

Kleinfrankreich: Einst Stadtviertel der Fischer, Gerber, Müller am Wasser, malerischster Teil der Altstadt. *Frei zugänglich, Kinderwagen / Rollstuhl: Ja*

Botanischer Garten: Mehr als 6000 Pflanzenarten von allen Kontinenten mit Gewächshäusern von 1884. *Frei zugänglich, Kinderwagen / Rollstuhl: Ja*

Orangeriepark: Spielplätze, Oldtimerbahn, Tierpark, Streichelzoo. Störche halten sich das ganze Jahr im Park auf. *Frei zugänglich, Kinderwagen / Rollstuhl: Ja*

Parc de la Citadelle: Rund um die Überreste der Zitadelle aus dem 17. Jahrhundert liegt der zwölf Hektar große Promenadenpark. *Frei zugänglich, Kinderwagen / Rollstuhl: Ja*

Museumsbesuche sind am ersten Sonntag im Monat von 10–18 Uhr kostenlos.

Museum für Stadtgeschichte: Politische, wirtschaftliche und gesellschaftliche Entwicklung Straßburgs.

Zoologisches Museum: Tierwelt des Elsass, auch Landschaften wie Polarregion und Tanganjikasee.

Tomi-Ungerer-Museum: Werk des 1931 in Straßburg geborenen Zeichners und Illustrators Tomi Ungerer.

Auskunft: *Fremdenverkehrsamt, 17, Place de la Cathédrale, F-67082 Strasbourg, Telefon (00 33) 3 88 52 28 28, www.otstrasbourg.fr*

Bildnachweis

(nach Seitenzahlen)

14 Touristinformation Hornberg
17 NSZ Ruhestein
18 Martin Schulte-Kellinghaus
20 Stadtinformation Achern
22 Tourismus Bad Herrenalb
25 Teinachtal Touristik
27 Kurverwaltung Baiersbronn
28 Tourist-Information Bühl
30 Tourist-Information Bühlertal
31 Stadt Calw
32 Stadt Calw
33 Gemeinde Dornstetten
34 Kurverwaltung Enzklösterle
40 Anna-Bärbel Ottenschläger
41 Gerhard Kassner
42 ZMK
44 Verkehrsamt Loßburg
45 Tourist-Information Nagold
47 OV Zell-Weierbach
49 OV Ottersweier
51 Markus Zindl
52 Markus Zindl
53 Schlösser und Gärten Baden-Württemberg
55 Tourist-Info Seelbach
56 Stadt Sulz
57 OV Wildberg
58 Teinachtal Touristik
61 Winzergenossenschaft Burkheim
62 Gemeinde Dunningen
64 Gemeinde Eichstetten
65 Gemeinde Eichstetten
66 Deutsches Tagebucharchiv
67 Gemeinde Endingen
68 Stadt Ettenheim
72 Stadt Gengenbach
74 Stadt Hornberg
78 Tourismus Königsfeld
79 Stadt Lahr
85 Tourist-Info Schiltach
88 Tourist-Information Schramberg
90 Tourist-Info Seelbach
94 Tourist-Info Villingen-Schwenningen
102 Kur- und Bäder GmbH Bad Dürrheim
115 Gemeinde Buggingen
118 NSZ Feldberg
121 Naturerlebnispark Mundenhof
123 Hochschwarzwald Touristik
124 Kultur- und Informationsamt Hüfingen
125 Kultur- und Informationsamt Hüfingen
129 Erich Spiegelhalter
130 Stadt Löffingen
134 Tourist-Info »Roseneck«
138 Tourist-Information Schluchsee
145 Tourist-Information Todtmoos
146 Bergwelt Südschwarzwald
147 Bergwelt Südschwarzwald
148 Tourist-Info Waldshut
150 Damien Charfeddine / PWP
151 AIRDIASOL / Rothan
153 Photo Studio A. Linder
156 Office du Tourisme Rhinau
158 Fremdenverkehrsamt Straßburg